日経文庫

NIKKEI BUNKO

物流がわかる〈第2版〉

角井亮一

日本経済新聞出版

はじめに

物流は、ビジネスパーソンにとって必須の知識であり、知恵です。

なかなか、この真実を理解しない人が多いのですが、私が教鞭をとる、寺島実郎先生が学長を務める多摩大学大学院の授業を受けた生徒は、皆「角井先生の授業を受けて、日常の世界の見え方が変わった」と言います。

物流を知っていれば、日常やビジネス現場を、物流というフィルターの「新しい眼」で見ることができます。どんなに頭がいい人でも、このフィルターを持っていなければ、気づけないことがたくさんありますから、見える世界が広がることは、間違いなくメリットしかありません。ビジネスでは大きな武器になります。

この本を手にとった、あなたは、とてもラッキーです。

なぜなら、多くの物流の本は、物流のプロ向けに書かれているため、専門的に深掘りされていて、この本のように全体を網羅したり、物流以外の部門や企業全体の活動との関わりを考えながら書かれているものは、少ないからです。

また、角井の本は、だれからでもわかりやすいと言われます。実際に、多くの大学生からネット経由で、「卒論を書いていてとても参考になった」と嬉しいコメントをもらいます。

本書では、アメリカで毎年、現地に直接出向いて学び、日本No1の通販物流会社イー・ロジットや、タイの物流関連会社など3社の経営に関わる筆者が国内外に足を運んで実際に見たり聞いたりしてきたことを数多く盛り込み、説明します。IT化やグローバル化で変化する物流の世界の面白さ、物が動くということのダイナミックさ、新しいビジネスモデルが生まれる最前線を味わっていただければ幸いです。

もちろん、物流の機能と役割といった基本や、物流管理、人材育成、品質管理といった実務に役立つ基礎知識ももりこみました。

では、これから、じっくり説明していきますので、ゆっくりお読みください。最後のページの時には、物流のことを「すごく面白い！　この本と出会えてよかった！」と思っていただけるはずです。

2019年8月

角井亮一

物流がわかる――【目次】

❖

第2章　物流戦略の考え方

❖

第3章　物流で起こす流通革新――ネット専業VSリアル店舗

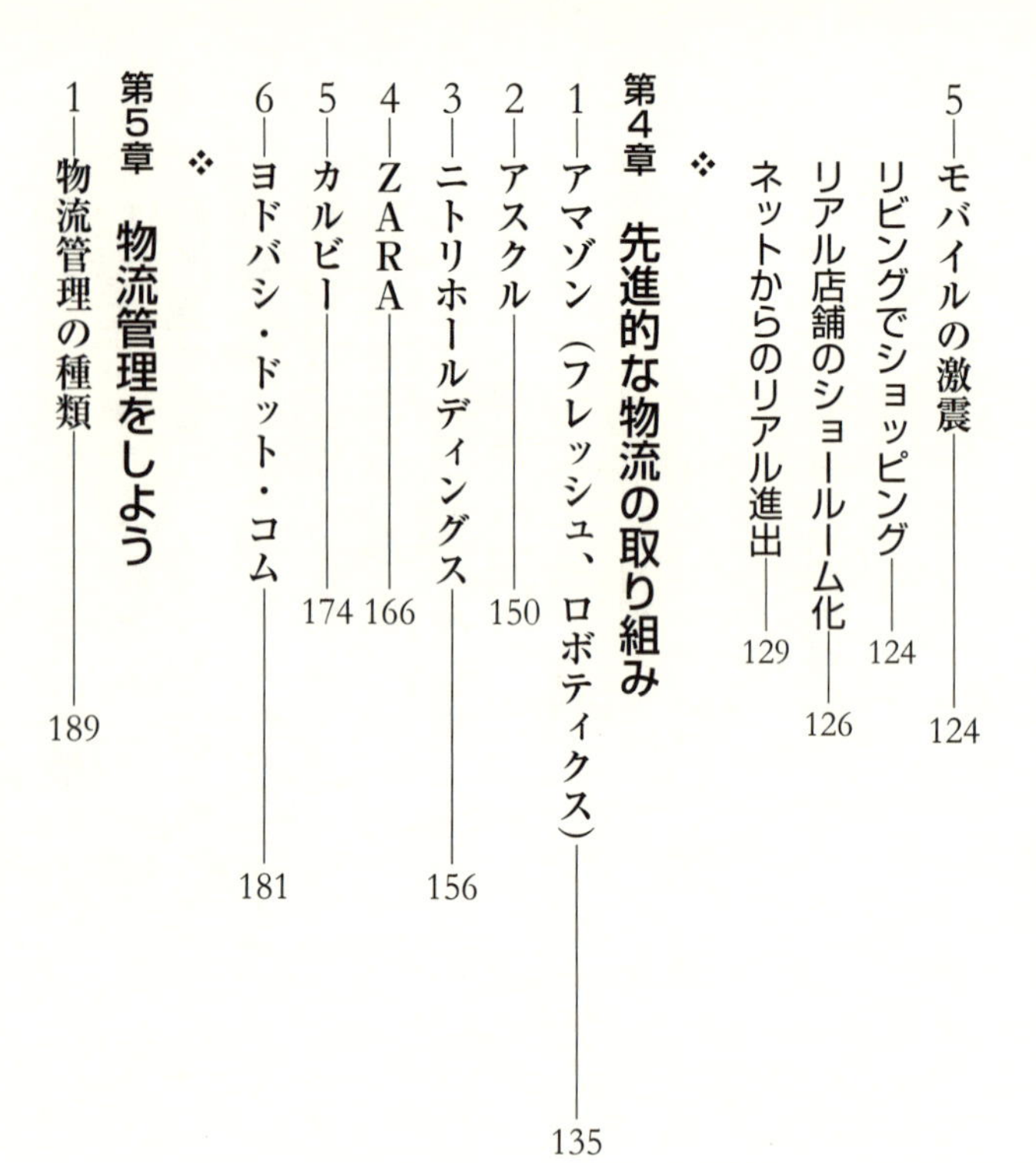

❖

第4章　先進的な物流の取り組み

❖

第5章　物流管理をしよう

❖第6章　人材育成と物流品質

第1章　物流の基本と役割

1——なぜ物流が重要なのか

コンビニでわかる物流の重要性

昨日、コンビニエンスストアに行きましたか？　ＪＦＡコンビニエンスストア統計調査月報（２０１９年１月度）によると、２０１９年１月に来店したのは、約13億５０００万人だそうです。１月は31日ありますから、１日あたり約４３００万人がコンビニに行ったわけです。日本の人口が、約１億３０００万人ですから、なんと日本に住む人の３人に１人がコンビニに行ったことになります。

日本に住む人の３割が行くコンビニエンスストアは、高度な物流がないと成り立ちませ

日本の人口の３人に１人がコンビニに

来店客数	1,349,986,000
日数	31
１日当たりの来店客数	43,547,935
日本の人口	126,317,000
人口に占める来店客数	34.5%

（注）来店客数のデータはJFAコンビニエンスストア統計調査月報（2019年１月度）

ん。例えば、コンビニエンスストアでは、品切れはほぼありません。あの小さな面積で品切れをしないのです。以前は、バックヤードも面積を取っていて、飲料などが置かれていましたが、今はかなり小さくなりました。その理由は、発注が正確なだけでなく、トラックで頻繁に店舗に商品を運んでいるからです。1日3回ぐらい配送を行っているからこそ、欠品が少ないのです。

また、一般の店舗では、いろいろな仕入先からのトラックが商品を届けるのですが、コンビニエンスストアでは、自社チェーンが手配したトラックのみが納品をしています。なぜなら、コンビニエンスストアチェーンは、自社の物流センターを持ち、そこにいったん納品させてから、各店に自社配送網で店舗納品しているからです。以前、セブン－イレブンで「窓口問屋制」と言われた手法です。

この方法だと、一般的な店舗で手間どる納品時の対応が簡略化されます。納品業者が持ってきた商品や個数が正しいかチェックする作業（検品作業）が、コンビニエンスストアでは、ほぼ不要です。なぜならセンターで検品されており、しかも誤出荷がほぼゼロなので、店舗で検品する必要がないのです。また、納品回数も一般店舗に比べて少ないので、これもコンビニエンスストアの納品時の手間を少なくしています。コンビニの多頻度配送が渋滞を生み出すようなことを過去言われていましたが、コンビニの配送頻度が高くても、各仕入先が納品するよりは回数が大幅に少ないのです。

このように、高度な物流なしでは、今のようなコンビニエンスストアは成り立ちません。

宅配の日米比較で、日本の物流のありがたさを知る

アメリカでは、宅配が翌日届かないのが常識ということを、ご存知ですか？

日本では、翌日到着が当たり前ですが、アメリカでは、翌日に届かないのが当たり前です。もちろん、エクスプレス（急ぎ便）で送れば翌日届きますが、普通に宅配で送れば、7日かかるところもあります。図にあげたのは、アメリカを代表する宅配会社のUPSが、西海岸のサンフランシスコから陸上輸送した場合のお届けまでの日数を表したものです。東海岸にあるニューヨークまで5日かかります。つまり西海岸から東海岸までは、5日もかかってしまうのです。

アメリカの宅配便は翌日届かない

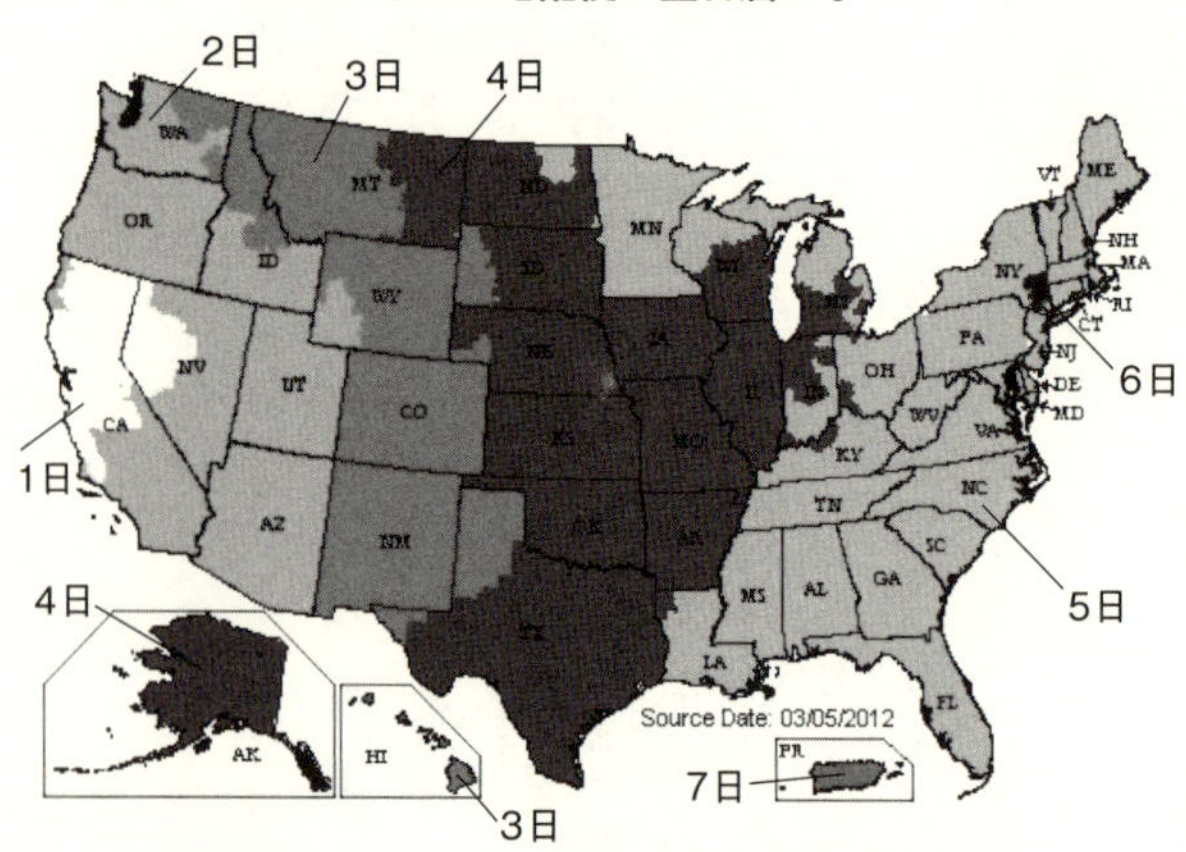

アメリカの宅配便でサンフランシスコから陸上輸送した場合のお届けまでにかかる日数。
（出所）UPS

日本は国土が小さいということもありますが、ヤマト運輸を筆頭に日本の宅配会社が日本人の要求する高いレベルに対応する努力をしたからこそ、宅配で送れば、翌日に届くのが当たり前になったのです。

だから、例えば、木曜日の夜にネット通販サイトで買い物をすると、金曜日に物流センターで商品を箱詰めして出荷して、土曜日には自宅に届くのです。アメリカでは、同じ木曜日の夜にサイトで買い物をしても、中部にある物流センターで発送して、お届けは月曜日か火曜日になってしまいます。

本書の読者の方はほとんど日本に住んでいるでしょうから、当たり前のように使っている日本の宅配サービスがなければ、とても不便を感じることになるでしょう。例えば、ゴルフ宅配便やスキー宅配便も、前々日でなく、1週間前に送らなければならないとなると、準備が大変です。また、週2回ゴルフをする際には、高い航空便などを使うか、自分で持ち歩かないといけません。

そうなるととても不便です。物流ってありがたいですよね。

ちゃんとモノが届くのは当然ではない

注文したものが間違いなく届くことが普通だと思っていませんか？　でも、届かないこともあります。いくつか私のエピソードを中心に話しましょう。

私の会社がある配送会社を使って請求書を送ろうとしたところ、その会社から電話がありました。当社が出した請求書の下のほうが切れてしまったそうです。仕分ける機械に絡まって切れたそうです。電話で、新しい請求書を発行してもらったら、急ぎで届けると言うのです。「もし再発行できなかったら？」と意地悪な質問をしたら、手作業で復元させると回答がありました。

また、以前、アメリカの携帯会社に、ＳＩＭカードとチャージカード（料金を前払いする番号が書かれたカード）を注文したことがあります。ＳＩＭカードは入っていましたが、チャージカードが入っていませんでした。

以前、講演をするのに必要なスーツを、追加料金を払って早朝お届けのサービスを使って送りました。それが指定時間になっても届きませんでした。まさかジーパンで講演するわけにはいかないので、新しいスーツを買いに行く寸前までいきました。

私の知り合いが、ある通販会社で、組立家具を注文しました。組立家具を順番に組み立てていると、ネジの大きさが合わない箇所がありました。ネジが違っていたのです。

このように、実際にうまく届かなかった例というのは沢山あるのです。

飛行機に乗って、荷物がバゲージクレームから出てこずに、全く違う国に行ってしまったというようなエピソードを聞いたことがありませんか？

こんなことが発生すると、当事者にとって大迷惑です。当然、クレームです。場合によっては、その物流会社を2度と使わなくなったり、その通販会社や携帯会社に注文しなくなったりします。顧客不満足から客離れを起こしてしまいます。物流がうまくいかないと、このようなことが起こるのです。

だからこそ物流が大切です。高いレベルの物流を実現することで、このような事態を起こさないようにしなければなりません。物流を重要視して、顧客不満足を回避するのです。

企業にとっては「納品＝売上」

近年話題の国際的な会計基準であるＩＦＲＳ（アイファースと言うことが多いが、統一した読み方はない）では、納品時点を売上計上のタイミングとしています。これは、何を意味するかというと、3月末が期末の会社だと、注文を受けた商品が3月31日までに納品できないと売上にあげることができないということです。実際に以前の消費増税の際、引き上げ直前の3月のトラックが不足し、3月末日の納品の多くが4月にズレたことがありました。

日本国内のように、翌日に届くのなら良いですが、国際取引や国土の大きいアメリカや中国のような国では、出荷時点を売上計上できなくなることの弊害が出てきます。なぜなら、列車で輸送していたら、台風や豪雨などで、1日到着（納品）が遅れるだけで、数%の売上のブレが出てしまうからです。また、航空便で送っていた商品をストライキによって送れなくなると、これも売上減の影響が出てしまいます。物流が円滑にできないと企業収益を減らしてしまうのです。

物流に注力する会社は収益力が高い

物流に注力する会社には、収益率が高いところが多くあります。例えば、花王やアスクル、アイリスオーヤマ、セブン&アイ、トラスコ中山、サンコーインダストリー、アマゾン、ZARA、ウォルマートなど、物流重視をDNA（社風）とする企業は、高い収益力を維持しています。

これは、なぜなのでしょうか？

私は、これには理由があると思っています。物流は、磨けば磨くほど、競争優位が高まります。この競争優位には2つの種類があります。コスト優位性とサービス優位性です。

まず、コスト優位性はわかりやすいと思います。1件出荷するコストが対売上で1％下がれば、1％の増益もしくは1％の値下げの実現が可能になります。増益によって、将来への投資ができますし、値下げによって、他社に価格競争を仕掛けることもできます。1％のお金をどう配分するかは経営者の手腕ですが、物流コスト削減によって得られた1％を使うことができるというのは、経営者にとって、大きな後ろ盾（安心感、自信）になるでしょう。

次に、サービス優位性というのは、受注締め時間が1時間他社より遅いとか、お届け時間が他社より朝1時間早いとか、納品の間違いが全くないとか、納期回答が即座にできるとか、競合他社と比べて、進んでいるということです。他社は、年に1回くらい納品物を間違えるけど、自社は全く間違えないとなると、無在庫の部品をいつも注文する立場のお客様は、どちらを選ぶでしょうか？　また、朝9時に届ける他社と、朝8時に届ける自社だと、時差通勤でサマータイムを実施しているお客様は、どちらを選ぶでしょうか？　さらに、注文後1時間で引取りに行ける会社があれば、どうしてもほしい商品なら、注文します。

このように、物流は磨けば磨くほど、競争優位が高まります。しかも、物流は、なかなか外から見えない機能なので、真似ができないのです。だから、この物流による優位性は、ボディーブローのように効いてきます。

これが自社なら良いですが、他社が物流の競争優位性を持つと、自社が物流によってじわじわと追い詰められるという事態が必ず将来起こります。

諸葛亮孔明は、物流を最優先にしていた

みなさん、ご存知の『三国志演義』に出てくる諸葛亮孔明は、戦争の際に、食料の物流経路（ロジスティクス）が確保できないと戦わなかったと言われています。また、敵の食料補給路を断って、戦力を落とそうとします。

ある時、孔明の部下である馬謖（ばしょく）という武将が、「街亭の戦い」で負けました。実は、この時、諸葛亮孔明は、「決して山頂に陣を張るな」という指示を馬謖にしていました。それは、物流経路が断たれることがわかっていたからです。しかし、この諸葛亮孔明の命令に背いて、馬謖は山頂に布陣し、敵の魏軍に兵糧攻めと火攻めをされて、敗戦してしまうのです。

この命令に背いた馬謖を諸葛亮孔明は斬りました。これが有名な「泣いて馬謖を斬る」です。諸葛亮孔明は、常にロジスティクスを最優先に考えていました。その考え方は、『三国志演義』を読めば、たくさん知ることができます。

ドラッカーにとっては「経済の暗黒大陸」

ピーター・ドラッカーは、物流を「経済の暗黒大陸」「ビジネスでの未開拓領域」「最も軽視され最も約束されるビジネス領域」「企業が今なお効率的な活用法を考えるエリア」だと言っています。１９６２年、フォーチュン誌で書いた記事「The economy's dark continent」で、アメリカの消費者が払う1ドルのうち半分の50セントは物流コストだとしています。しかし、企業間にまたがる物流のコストの把握は難しいことも指摘しています。

この記事は、大きな反響を呼びました。この記事によって、ビジネスロジスティクスやディストリビューション（流通）についての研究がされるようになりました。あるロジスティクス研究の教授は、ドラッカーが、この研究領域を作ったと言っているくらいです。

また、私見ですが、ドラッカーが語るマーケティングという言葉の定義は、ほぼロジスティクスではないかと感じます。

それほど、ドラッカーは、物流に対する知見もあったのだろうと想像します。

物流６大機能

輸配送	保管	荷役	包装	流通加工	システム

2―物流とは具体的にどんな機能なのか

物流6大機能とは

物流には機能が6つあります。それは、輸配送、保管、荷役、包装、流通加工、システムという6つです。

実は、少し前まで、筆者は「物流5大機能」と言っていました。システムは情報という名前で、「戦略物流の8大機能」の中のほうに入れていました。しかし、システムの重要性は日に日に増しているので物流機能に加えました。

また、この6つの機能は、物流会社側で明確に単価設定ができるものです。過去、システム（情報）は、いわゆる荷主企業（物流を委託する企業であり、荷物の持ち主。英語では、cargo owner）が物流会社に持ち込んでいました。しかし、今は物流会社が物流システムを持ち、それを荷主企業に使ってもらうようになりました。もちろん、費用は月額や出荷依頼数に応じて請求します。

なぜ、物流6大機能と戦略物流8大機能とわざわざ分けているかというと、戦略物流8大機能には荷主企業でないとできない機能があるからなのです。物流会社は、物流6大機能を持ち、日々研鑽することが求められます。

では、この6つを1つずつ解説しましょう。

輸配送——運送会社による輸送と配送

輸配送は、その漢字のごとく、輸送と配送のことを言います。輸送と配送は同じと思う人がいるはずなので、違いを説明しましょう。

輸送は、A地点からB地点に運ぶことです。仙台の工場から千葉の卸会社の倉庫に運ぶようなことです。配送は、A地点を出発して、B地点やC地点など、複数拠点に運ぶことを言います。例えば、千葉県の倉庫から、千葉県内にある納品先2件（千葉市内と幕張の小売店）に運ぶことです。

輸配送を行う物流会社は、運送会社です。この運送会社は、いくつかの運び方があります。例えば、1個いくらで運んでくれる宅配や、100キログラムいくらで運んでくれる特積や、1台いくらで運んでくれる貸切です。

あなたの会社で、商品をお届けする際、たとえば10ケースをまとめて送る時に、ヤマト運輸や佐川急便やゆうパックのような宅配で送ると割高になります。その際には、西濃運輸や

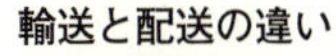

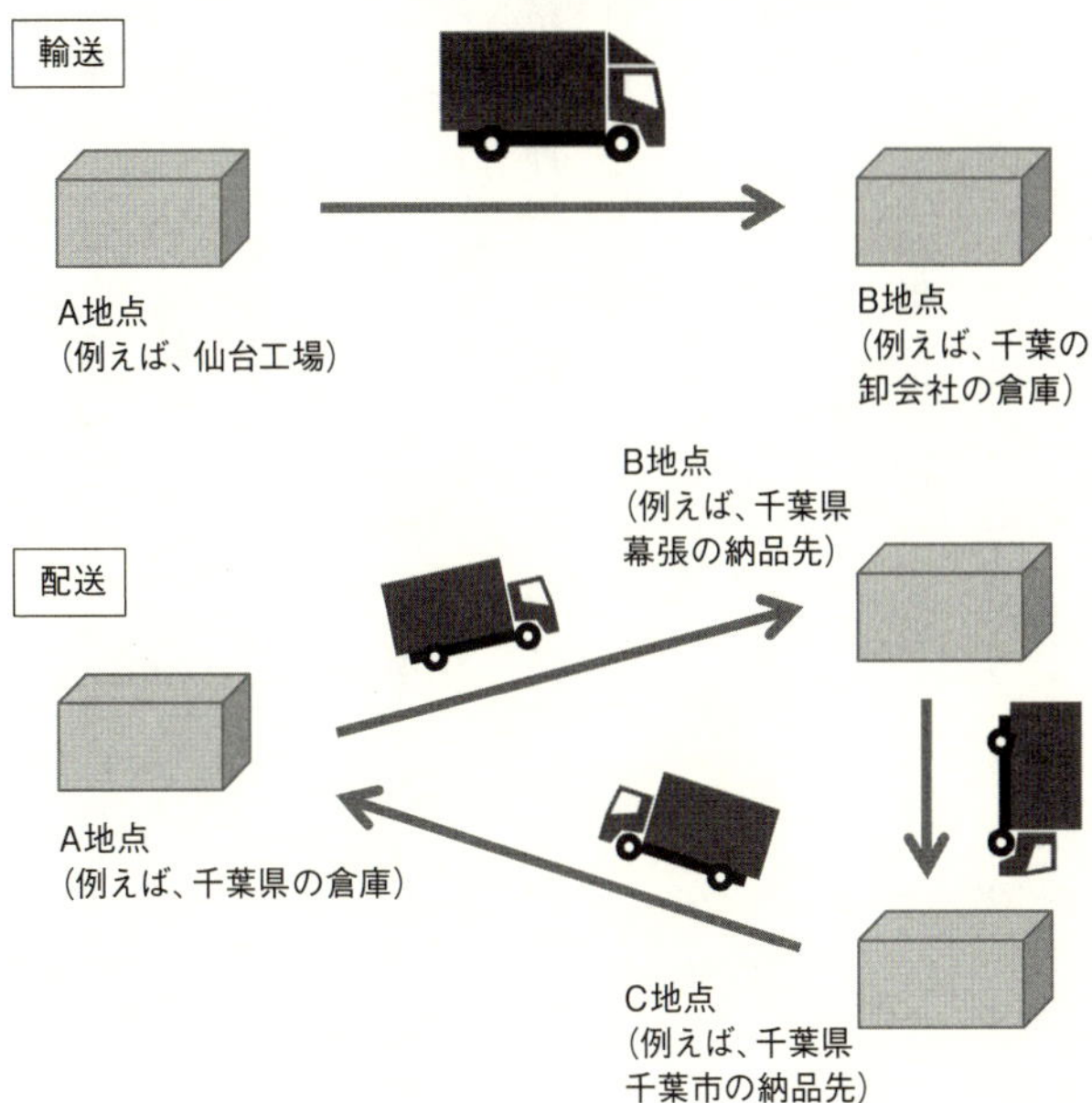

福山通運が行っているような特積で送ると割安になります。また、あなたの個人の引っ越しの際に、まさか宅配で荷物を運びませんよね。家族2人であれば2トン車で運んで引っ越すことでしょう。これを貸切（チャーター便）と言います。車両の大きさはもちろん、拘束時間や移動距離で料金が決まってきます。

　特殊といってはなんですが、貸切では、液体物を運ぶローリー車もあります。このようなケースだと、違う中身（液体）

を入れて化学反応が起こらないよう、月単位で借りたりします。

保管──在庫の数量とロケーションを管理

保管というと商品を倉庫などで預かるだけのように捉えがちですが、保管には、在庫管理という基本的機能が必要です。商品を預けて戻ってきた時に、数が減っていたのでは、保管の機能は果たされていません。

在庫管理には、2つの意味があります。1つは、在庫の数量管理。もう1つは、在庫のロケーション管理です。

数量管理は、その名の通り、数量について履歴を追って管理することです。例えば、商品Xが月初に1000ケース入庫されて、10日に500ケース出庫され、20日に100ケース入庫された時に、月末には600ケースの在庫があるということを倉庫側で把握することです。

企業によっては、在庫証明書を委託している倉庫から取り寄せます。その月末には、各商品が何ケース何個あるということを証明してもらう書類です。

もう1つの在庫管理のロケーション管理ですが、これは、商品Xが倉庫内のどこにあるか（保管するか）を管理することです。このロケーション管理がしっかりしてないと、商品をピッキングする（探す）時に、見つからずに時間がかかり、生産性を落とします。これは、

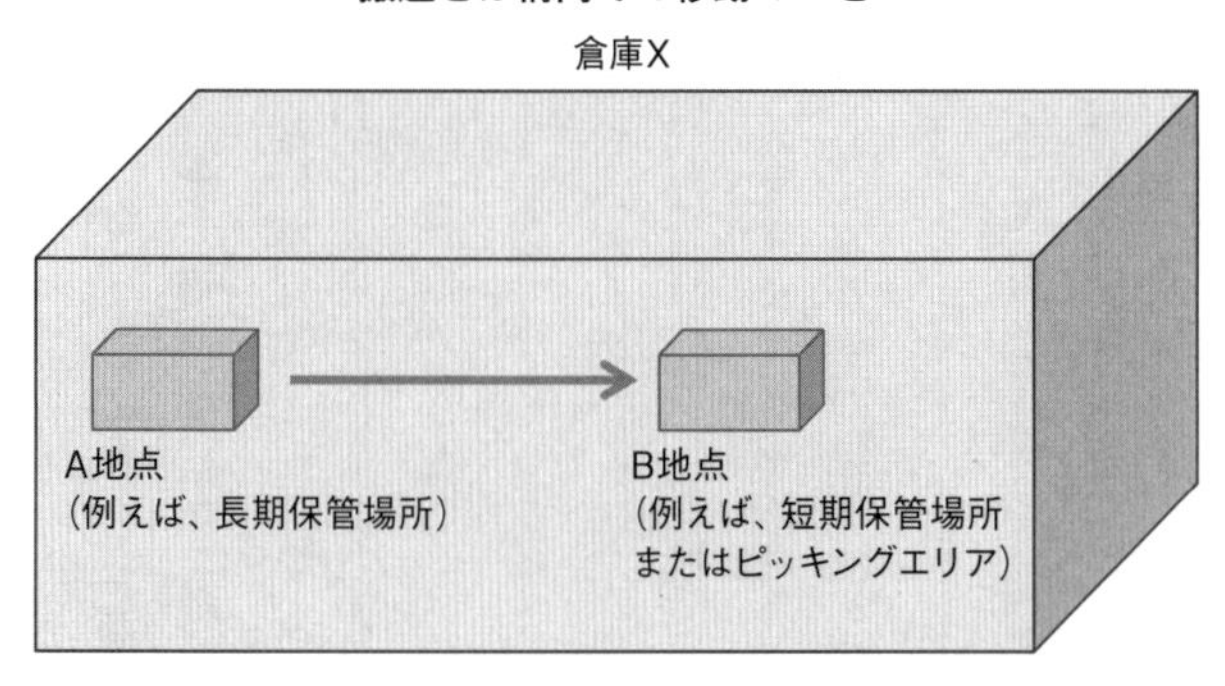

荷物を預けている荷主企業には関係ないことですが、受け入れている倉庫には大事な管理です。

このロケーション管理は、略して「ロケ管理」という人もいます。

荷役——荷物の受け、運び、出し

荷役とは人が作業することを言います。荷物を受けたり、運んだり、出したりすることです。昔は、フォークリフトなどはありませんでしたから、すべて人が肉体労働で行っていましたが、今はフォークリフトやコンベアがありますので、それらを使って、肉体的な負担を下げ、生産性を上げ、コストを下げています。

輸送と配送の違いは先に書きましたが、よく混同される言葉に、搬送と言う言葉があります。これは荷役に属する言葉で、構内（工場内や倉庫内）での移動を指します。

荷役は、「にえき」または「にやく」と読みます。

包装――3つの種類と3つの機能

包装には、個装、内装、外装という種類があります。個装は、商品1個1個を包んでいる包装です。外装というのは、商品12個単位などにまとめたダンボールなどの包装です。内装というのは、ダンボール内で3個セット×4パックなどにされた3個セットのようなものです。わかりやすい例を挙げると、すべてではありませんが、アサヒスーパードライ350ミリリットル缶ケースだと、1個単位の缶が個装、6缶パックのセットが内装、その6缶パックが4つ入った24缶ケースが外装になります。

また、包装には違う機能があります。製品を守るための包装と、製品を販売するための包装、そして製品を運びやすくする包装があります。

製品を守るための包装は、輸送中や保管中に商品を損傷させない機能があります。例えば、電子レンジを買った時には、ダンボールなどで、落としても壊れづらいように保護しています。また、日本酒の1升瓶に濃い色が多いのは、直射日光などで中身の品質が落ちないようにするためです。

商品を販売するための包装には、商品の個装に宣伝文句などが書かれています。「増量!」

とか「新発売！」とかのような文言を付けています。昔はなかったですが、外装自体にPOPなどを入れて、箱を積み上げた陳列でもPRができるようなものも出てきました。

運びやすくする機能を持った包装があります。例えばドラム缶や一斗缶に入った液体物や、取っ手がついたノートパソコンの包装などがそれです。ビールの6缶パックにも指を入れる場所があるのは、持ち歩きやすいです。

このように、包装には個装、内装、外装という3つの種類と、3つの機能があります。

流通加工——値札やシールの取り付けなど

流通加工とは、商品に加工を施す作業です。例えば、小売店に送るためにシャツに値札を取り付ける作業や、外国製の化粧品に日本語で成分が書かれたシールを貼る作業、スーツのシワを業務用アイロンでのばす作業や、オーダーで名前を刺繍する作業、ペットボトルの首に景品を付ける作業などです。流通過程で発生する要望のほとんどは、物流現場で実現している作業なのです。

この流通加工は、アパレル加工がスタートです。東大阪にある光輝物流という会社が、最初に倉庫として始めたと言われています。それまでは、倉庫に保管された商品が、加工屋さんと言われる小さな工場に送られ、そこで値付けなどの加工がされて、倉庫に送り返されていました。その作業が無駄だということを、日本倉庫協会の25周年の記念論文に書いて受賞した人（光輝物流社長）が始めたそうです。

今では、倉庫会社は、アパレル以外でも、あらゆる商品の流通加工をするのが一般的になっています。

システム――物流会社のものが主流に

これまでは、物流会社側でシステムを用意していなかったので、筆者はシステムを入れずに「物流5大機能」として説明してきましたが、最近はＳａａＳやＡＳＰのシステムが出てきて、物流会社の標準装備になってきましたので、これを加えて「物流6大機能」と説明することにしました。

昔のことを知らない人も多いので説明しておきましょう。例えば流通業の物流では、かつて小売チェーン店が自社のシステムを持ち込んでいました。卸の物流を受託していた倉庫を覗くと事務所には、黒地に緑色の字のディスプレイにつながった、「ダイエー」「イトーヨーカ堂」「ジャスコ」「マイカル」と書かれたオフコンが並んでいました。

しかし、今は、物流会社側でシステムを保有しているケースが多く、荷主企業や送り先が違っていても、同じシステムを使って作業をしている企業が増えました。

これは、荷主および物流会社にメリットがあります。物流会社のメリットは、お客様ごとに違う手順の作業をなくし、標準化ができるということです。標準化ができれば、担当者を採用してから一人前になるまでのスピードが早くなりますし、仕事の繁閑を調整しやすくすることができます。さらに、請求システムとつなげば、請求書作成のスピードが上がりますし、間違いを減らすことができます。

荷主企業にとってのメリットは、まずシステム投資の負担がなくなります。また、物流会社は物流のプロですから、物流のプロではない企業が作ったシステムを使わせるのも、生産性を悪くする原因にもなりえます。そして、生産性を上げるためのシステム投資は、物流会社側がやれば良い話なので、荷主企業が費用負担をする必要もありませんし、関与すらする必要もありません。システムを持ち込む荷主企業は、これからますます減っていくことでしょう。

戦略物流８大機能

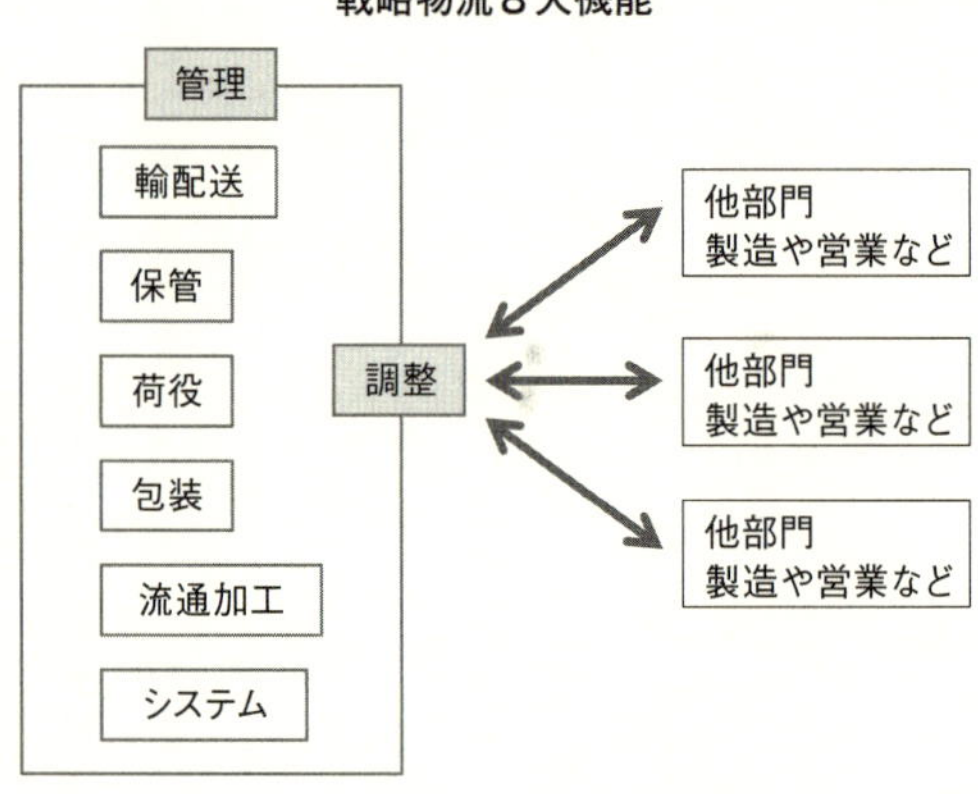

3―戦略物流とは何なのか

戦略物流の8大機能とは

これまで説明してきた物流６大機能は、物流会社がコントロールする機能です。一方、これから説明する「戦略物流８大機能」は、物流会社ではコントロールできない荷主だけが果たせる機能です。

それは管理と調整です。物流６大機能に、この２つの機能が加わって、戦略物流８大機能になります。しかし、すべての荷主企業が、この２つを行っているわけではありません。このレベルまで届いていない企業が多いのが実態です。

例えば、物流が営業の指図に完全に従っていて、営業の言いなりになっている企業も多くあります。

また、月次の物流コストすら計算していない企業も意外とあります（大手企業でもあります）。

管理――物流6大機能全体をコントロール

管理とは、物流6大機能全体を管理する機能です。物流コスト計算は、管理機能の第一歩です。物流コスト計算を月次で行い、増減を知り、その理由を探求することで、コストダウンまたはコントロールが実現していきます。

また、物流6大機能を見渡すことで、倉庫拠点を持とうとか、配送方法を変えようとか、生産部門に要請をしようといった発想が出てきます。物流業務を企業の流通機能全般を一括して請け負うアウトソーシングサービスである3PL（サード・パーティー・ロジスティクス）会社に委託しようとか、現在の委託会社をコンペして変更しようとか考えるのは、この管理機能ができているからです。

そうでなければ、運送は運送、倉庫は倉庫だけの相見積もりのレベルでの業者変更になるでしょう。また、企業によっては、物流子会社を持っていますが、物流子会社があるから本体の親会社に物流部門がないということはなく、親会社の物流部門では、この管理を行っています。

調整──他部門との調整

物流管理ができると、さらなるコストダウンや、品質を向上させようとしたり、物流改革をしようとするなど、計画がレベルアップします。そのレベルに達した時には、物流部門だけでは解決しないことも多々出てきます。だから、この調整機能が必要となるのです。

コストダウンをするために、容器の重量や形状を商品開発段階で物流に適したものにしてもらうこともあります。例えば、日清食品のカップラーメン「ラ王」の発売当初の形状は、マーケティングのために、陳列で大きく見えるように大きな蓋になっていました。しかし物流コストを下げるためにリニューアルの際には、蓋が小さくなりました。

また、生産した商品を消費地に近い倉庫に運んだのに売れずに残ってしまうケースがあります。その際には、廃棄をしてもらい、今後売れる量しか運ばないようにしてもらうよう要請をします。しかし、物流サイドだけでは、廃棄の決断も、運送量のコントロールも実現できません。

ただ、調整がうまくできない物流部門もよく見かけます。それは、物流部門が、他部門とくらべて力が弱い時によく起こります。物流の重要性を知る経営者や企業では、物流部門を重用して、意見が通りやすいような環境を作っています。

物流と戦略物流の違い

	定義（最新版）	感　覚
物流思考	物流を**生産性**で捉えて、物流業務を行う思考	**「物流は作業」** 機能毎の部分最適 （物流部門のみ） 物流コストダウン （商品価格↓）
戦略物流思考	物流を**戦略**として捉え、企業戦略に合う物流戦略を組み立てる考え	**「物流は企業戦略」** 物流６大機能の全体最適 （戦略物流の８大機能） 物流サービスレベルアップ （商品利便性↑）

物流思考と戦略物流思考の両方大事

筆者の物流に対する考え方の原点に、物流思考と戦略物流思考という言葉があります。

これは、それぞれ領域が被らない考え方ですが、どちらか片方だけがよいという話でなく、両方を大事にしてほしい考え方です。物流思考は、物流を作業として考える思考です。生産性を上げるためなどの過去からある考え方です。一方、戦略物流思考は、筆者は1998年から必要性を訴えてきた考え方で、物流を戦略として捉えましょうという思考です。

戦略物流思考について具体的に話しましょう。先に営業所や販売先を開拓し、現状の物流拠点ではコストや納品スピードで不備が出てきて初めて、物流拠点を作る企業が一般的だと思います。それに対して、世界ナンバーワンの小売業であるウォルマートや、日本最大のコンビニエンスストアであるセブン-イレブンは違います。先に物流拠点を作ってから店舗展開をするのです。

ウォルマートでは、8店舗をカバーできる物流拠点を先に作ってから、店舗をオープンさせていきます。セブン-イレブンでも、新しい地域に進出する際には、惣菜工場や物流センターを作ってから、店舗展開をしていきます。

例えが良いかどうかわかりませんが、戦争をする際に、すべての必要物資を確保してから、戦争を仕掛けるようなものです。湾岸戦争の際に、なかなか戦争を始めないなあと思っていたことを記憶しています。これは後から聞いた話ですが、船舶のスペースを借りて、戦争に必要な物資をせっせと運んでいたそうです。弾薬などはもちろん、兵士が噛むチューインガムまで運んでいたのです。これらを運び終えた時に、戦争が始まったそうです。

これをビジネスに置き換えると、販売戦略と物流戦略を同期化するということです。どのような出店をするかわかっているからこそ、物流拠点の場所や大きさを決めることができるのです。

日本の多くの企業では、物流部門は販売戦略を知りません。または、知っていても、先行して予算が取れず、何もできません。あるいは物流が非効率になるため、販売戦略の修正を

マーケティングの４Ｐ

1961年にジェローム・マッカーシー（USA）が提唱

製品　Product	価格　Price
広告　Promotion	流通　Place

要請したいが、発言力がなくできないようなことが起こっています。この戦略物流思考を会社としてできるようになることで、より強い企業力を持てるようになります。

重要なことなので繰り返しますが、この戦略物流思考だけでよいわけではありません。物流思考も大事で、日頃から生産性を上げたり、品質を上げたりする努力は欠かしてはいけません。両方の考え方を企業として持つことが大切です。

物流とマーケティングの関係

私はアメリカのゴールデンゲート大学でＭＢＡを取得した時、マーケティングの４Ｐというものを学びました。読者のなかにもマーケティングをかじった人であれば、この４Ｐという言葉を聞いたことがあるでしょう。そして、４Ｐが、製品（Product）、価格（Price）、広告（Promotion）、流通（Place）であることもご存知だと思います。ただ、これらの使い方を知っている人が少ないのが残念です。

この４Ｐは何かというと、商品のマーケティングを考えるときに、これらを穴埋めのように考えて落とし込んでいくと、抜けなくマーケティングを考えられる、というテンプレートなのです。

この4Pのなかには物流があります。最後の「流通（Place）」です。英語では、ディストリビューションと言います。物流は、日本に入ってきた時には、「物的流通」と言われていました。英語ではフィジカルディストリビューションです。

私は、戦略物流思考で、このことを考えると、物流はまさにディストリビューションであり、ここを考えられる物流専門家がいま求められていると考えています。別な表現で言うと、自社の商品を、お客様のどこに置きに行くのかという発想が必要で、例えば、自販機を使おうとか直販をしようとか卸を使おうとか大規模店に絞ろうとかというディストリビューションの提案も物流部門がしてもいいと考えています。

商品力は物流で上げられる

製品と商品の違いをご存知ですか？　製品はたとえば図のようなマグカップ。商品は100円ショップで売られるマグカップや、無印良品で販売されるマグカップです。

同じ機能を持つマグカップが、かたや100円で売られ、かたや500円から1500円で売られています。同じコーヒーが飲めるマグカップですが、100円ショップのマグカップという商品と、無印良品のマグカップという商品の違いで、価格が違うのです。

なぜなのでしょうか？　製品自体以外の付加価値で考えましょう。まずブランドが違います。ブランドだと抽象的なので、包装で考えましょう。無印良品だと無料でプレゼントラッピングをしてくれますが、100円ショップだとおそらく新聞紙かなにかで包んでくれるのが普通だと思います。他にも細かい違いがありますが、これらによって、同じマグカップでも100円でなく、1500円で買う人が出てくるのです。商品力に差が付いているのです。

この商品力は、物流によっても差がつきます。

製品としては同じマグカップでも商品としては違う

同じ文房具の三菱鉛筆の鉛筆でも、コンビニで買うのと文具ディスカウントで買うのと、アスクルで買うのでは、それぞれ価格が違います。

会社からの帰宅中に、子供のために買ってきてほしいと連絡が入ったら、帰り道のコンビニで買うでしょうし、原価管理の厳しい会社勤務の人が急ぎで買うときは、文具ディスカウントでしょう。通常の場合はアスクルのような法人契約先で買うことでしょう。

一番価格が高いのは、コンビニでしょう。なんでコンビニで買うのでしょうか？　帰り道にあるという利便性があるからです。まさにコンビニエンスです。文具ディスカウントはどうでしょう。アスクルと比べるとスピードが違います。でもわざわざ買いに行くという一手間がかかりますが価格が安いのが魅力です。

物流は、商品をどこに置きに行くのかというディストリビューションだと先に書きましたが、その置き方によって、商品価格が変わるのです。言葉を変えれば、商品力が変わるのです。

第2章　物流戦略の考え方

1――企業戦略の中の物流戦略

物流は企業戦略

前章では戦略物流について説明しました。物流を戦略的に捉えると、企業力や商品力を上げることができるという話です。物流を後回しにしたり、ないがしろにする企業は、間違いなく損をしています。例えば、店舗をたくさん作ったはいいが、配送がうまくいかなくなり、どうしようもない状態になって物流センターを作ったとしても、それが稼働するまでお金が無駄になります。また、物流拠点の設置が後回しになることで店頭での欠品が発生しているでしょう。自社の土地建物があるからとそこに物流センターを置いたはいいものの、後でキャパシティが足りなくなり複数拠点にしてしまったような場合もコストは割高になります。

物流は、企業がどんな戦略を立てようが絡んでくる機能ですし、物流視点で考えることで打開できることもあります。

例えば、アサヒビールの「鮮度実感パック」というのをご存知でしょうか？　工場できたてのビールを3日以内に出荷するサービスです。毎月数量限定の予約制で入手できます。これを実現するには物流の全面的な協力が不可欠です。

企業のCO_2削減にも、キャッシュフロー増やキャッシュ・トゥ・キャッシュ期間の短縮にも、物流改革が必要です。

また、かつてマクドナルドが週3回の納品を週5回に変えるという記事が出ていました。物流思考だけで考えると、コストアップになるので、常識ではありえない施策です。

しかし、週5回にすることで、冷蔵庫の大きさを小さくできるので、席数を増やすことができる。そうなるとピークタイムの売上を増やすことができるので、そのコスト増分を回収することができるという理由だそうです。

別の例を紹介しましょう。工場の隣に、VMI（Vendor Managed Inventory, ベンダー管理在庫）倉庫を持つことで、ほしい時にほしい商品をほしいだけ発注即入庫ができるようになります。またベンダーにとっても、多頻度納品によるコストアップを短距離＋共同化で抑えることもできますし、倉庫作業の人材も他のベンダーと共有できるので、コストを安く抑えることができます。この物流戦略をメーカーが持つことで、メーカーとしてのメリットも出ますし、ベンダーにもメリットを与えることができるのです。さらにファイナンス会社を入れることで、ベンダーの現金回収スピードを上げることもできます。

これらの例のように、物流視点での戦略は、まさに企業戦略でもあるのです。

企業戦略と物流戦略の一貫性

物流戦略というのは、どの企業でも同じではありません。また、同じであってもいけません。物流を制するものが市場を制するからと、すべての物流サービスレベルで最高になろうというのはナンセンスです。なぜなら、商品によってはすぐに届くより、あとで届くほうが商品価値を上げる場合もあります。例えば、なかなか手に入らない人気アニメキャラクターのフィギュアだから、ファンがほしがり、人気に拍車がかかるということもあります。また、限定10個だから人気があって、いくらでも手に入るのだったら、人気が落ちる（商品力が下がる）商品もあるでしょう。

だから、物流力を最高サービスレベルにすればいいのだという考えは間違っています。

「物流はこうあるべきだ。こうしたい」という物流戦略は、企業によって違います。よく話す例は、「品質」と「スピード」の話です。

「いつもより大量の受注があり、たくさん出荷をしないといけない。人を投入したんだけど、いつもの出荷時間に間に合いそうにない。集荷に来た宅配会社のドライバーも心配そうに見ている。いつもやっているJAN検品を行わなかったら、間に合いそうだけど、JAN検品をしなかったら、誤出荷が起こる可能性がある。」

その時に、無理してもJAN検品するのか、やらないのかと現場の責任者は悩みます。これが、「品質なのか、スピードなのか」という究極の選択です。

ここで、会社として物流方針がしっかりと決まっていて、「スピード優先」とあれば、現場責任者は悩むことなく、JAN検品をしないでしょう。逆に「品質優先」とあれば、JAN検品をした後、コストがかかっても、トラックをチャーターして、デポに直接持って行くことでしょう。物流戦略は、企業によって違うのです。

また、その物流戦略は、企業戦略と一貫性を持っています。もう少し、柔らかく書くと、企業のキャラによって、物流のキャラが変わり、そのキャラは同じなのです。

会社イメージ、キャラは多少荒いがスピーディーであれば、物流も同じイメージ（キャラ）がいいでしょう。遅い物流だったら、顧客が違和感を持ちます。
戦略、キャラと話しましたが、もう1つ別の言い方をしましょう。その企業の「らしさ」を追求すべきです。

マクドナルドらしさは、マクドナルドを世に広めたレイ・クロックが感銘を受けたことに尽きるでしょう。「60秒でハンバーガーが出てくる」ファストフードという業態です。このスピードこそがマクドナルドらしさであり、そのスピードの追求をし続けています。

レジに並んでから、商品を受け取るまでの時間を短くしようとする努力は、今でもすさまじいものがあり、日本マクドナルドCEOは、かつて「1秒早く商品を提供すれば8億円増収になる」と言っていました。それがマクドナルドらしさであり、新しい調理方法のメイド・フォー・ユーや、新しい発注方法の自動補充も、そのマクドナルドらしさの追求なのです。

「マクドナルドらしさ」はスピードだけのような書き方をしましたが、それだけではありません。「QSC」（Quality：品質、Service：サービス、Cleanliness：清潔さ）がマクドナルドらしさです。

今、どんな飲食店でも、このQSCという言葉が飲食店の基本だということで、経営陣で使われています。実は、このQSCは、レイ・クロックが言い始めたそうです。正確には、「QSC＋P（Price）」（今の日本マクドナルドは「QSC＋V（Value：価値）」）です。この「らしさ」を追求することで、離職率が下がり、継続勤務期間が増え、「らしさ（QSC）」の実現度が上がり、顧客数が増え、売上アップにつながっています。

自社に置き換えた時に、「株式会社○○らしさ」は何かを考え、追求することで企業キャラが社内でもお客様にも明確になり、社員満足度が上がり、自社に磨きがかかり、顧客の満足度が上がることでしょう。当然、それは物流部門も同じことで、「株式会社○○らしさ」を追求していくと、勤務する人の満足度アップと、自社が求める物流の姿に磨きがかかり、顧客の満足度アップにつながるのです。

製販物（製造・販売・物流）の連携

製販、つまり製造と販売の連携が重要だということは、よく言われています。しかし、今は、サプライチェーンマネジメント（SCM）の時代です。ここに物流も入ってきます。製造と販売と物流、すなわち製販物の連携が重要になります。人によっては順番を変えて、「製物販」だという人もいますが、一般的には、「製販物」です。

サプライチェーンマネジメントは、日本のかんばん方式、ジャストインタイム（Just In

Time, JIT）の研究からスタートしたようです。かんばん方式は、在庫を極限まで持たず、必要な部品を必要なタイミングで届ける仕組みです。在庫を極力持たないことで、フリーキャッシュを増やします。

サプライチェーンマネジメントとは、各企業の「仕入れ（製造）、在庫、販売」が連なった全体のチェーンを管理することを言います。

例えば、「靴下屋」という小売チェーンの例を挙げましょう。このチェーン店は、社名をタビオと言い、日本でサプライチェーンマネジメントという言葉が存在しないころから、これを実践しています。

この会社では、自社POSを設置できない場所には出店しませんでした。なぜなら、この販売情報（POS情報、Point of Sales 情報）を上流の靴下製造企業（メリヤス会社）がコンピューターで見ているからです。製造企業が、どれくらい自社の製品が売れているかを見て、それで販売数量などの計画を決めています。さらには、その上流の染色会社や糸商（糸の商社）にも、情報が流れていました。

だから、タビオに卸すメーカーは、無駄な在庫や生産をしないで済んだのです。在庫量を見て、奈良にある物流センターに納品をし自らピッキング棚に並べています。自社で判断して、欠品する前に製造して納品するのです。

これこそ、物流が製造と販売をつなぐという言葉がしっくりきます。また、製造と販売の同期化ができているとも言えます。このように製造と販売の間で、物流が調整役になることで、製販がうまくいきます。

また、需要予測というキーワードがあります。実際に、需要予測が当たることは、天気予報を当てるようなものです。その予測精度を上げるためには、長期予測でなく短期予測にしたり、経済情勢から予測するのではなく実売数から予測したりしたほうがよいのです。

その需要予測ですが、もっとバイアスがかかるケースがあります。それは、利害関係のある当事者が予測する時です。例えば、会社の売上を作る営業部隊が、需要予測する際に弱気な予測をするでしょうか？　逆に、製造部隊が滞留在庫を生むような強気な需要予測をするでしょうか？

まあ、しないでしょう。当事者ですから。そのため物流部門が予測する企業が増えています。または、ベンダーに予測させる企業もあります。

物流部門が、自社の主力製品の予測をしている食品メーカーや、ベンダーに実販売数量や需要予測ソフトがはじき出した複数の予測をウェブで見て判断してもらっているアスクルのような会社もあります。さらに、グローバルに物流コストを分析することで、どこで売り、どこで生産するかという判断をしている会社もあります。

製造販売だけでなく、物流が単なる6大機能を超えた動きをすることで、企業の効率を上げることができるのです。

S&OP（セールス&オペレーションプランニング）は意思決定プロセス

この製販物は、最近注目されている言葉の「S&OP」とも、考え方の根底がつながっています。これを、システムだと捉える人が多くいますが、それは間違いです。これは考え方であり、意思決定プロセスです。

需要と供給のバランスを取ることを、このS&OPでは主眼に置いています。これを達成するために、ボトムアップやトップダウンでの意思決定をしていきます。それを実現するために、定期的にクロスファンクショナル（機能横断的）なチームでミーティングを開催し、数字を元に議論して、それぞれの部門が納得するまで話し合い、最も効率的な決定をするのです。そうすることで、需要と供給のバランスが合い、在庫というバッファーが極小化され、キャッシュフローをよくしていくのです。

そのミーティングの際に使われる分析ツールや予測ツールのことを、システム販売会社またはシステムベンダーは「セールス&オペレーションプロセス」と言っているので、多くの人は、「S&OP」はシステムだと勘違いしています。

大部屋で各部門の交流を増やして効率化しようという考えが日本にはありますが、それをもっと仕組み（ルーチンワーク）で行い、かつ数字などで語り合って、合意形成をしようという考え方です。

フルフィルメントが顧客満足を決める

受注後どのように処理して、お客様に届けるかという機能（フルフィルメント機能）は、とても重要です。なぜなら、お客様が注文した時の期待値を超えることができるかどうかで、顧客満足か不満足かに分かれますし、お届けやカスタマーサポートなど顧客接点でも、顧客の印象を左右させます。

さて、お客様が注文した時の期待値とはなんでしょうか？　まず出てくるのが、納期です。明日届くという期待があれば、明後日に届いたらクレームです。また個人のお客様なら、梱包状態への期待もあるでしょう。

商品自身の期待値もあるでしょうが、これはフルフィルメントの役割ではありません。なぜなら、フルフィルメントは注文をどのように実行して実現させるかという機能だからです。だから、決済もありますし、返品もあります。

商品開発や製造、そして販売も大切な機能ですが、このフルフィルメントの良し悪しが顧客満足や顧客感動を決めます。顧客満足で有名なアメリカの靴通販会社のザッポスでは、コンタクトセンターの部隊をカスタマーロイヤリティーチームと呼んでいて、生産性より顧客満足を優先しています。この顧客満足が75％ものリピーターを生んでいます。

このフルフィルメントは、日本では通販業界だけで聞きますが、海外では他の業界でもよく話題に出ます。「fulfill orders」（注文を実現する）という言葉をよく聞きます。通販以外の企業でも、自社のフルフィルメントのレベルを上げる努力をすることで、顧客満足を上げ、売上アップにつなげることができますので、ぜひレベルアップを検討してみてください。

物流は４Ｐすべてに関わる

４Ｐの中のPlace（流通、ディストリビューション）が物流政策を担うところですが、他の製品や価格、プロモーションでも、物流が関わっています。例えば、物流費を考えて、製品のサイズを見直す企業が増えています。衣類用洗剤は物流コスト削減のために、コンパクトになり、濃縮化されたりして、筆者が子供の頃の洗剤の大きさと比べたら、圧倒的に小さくなっています。先ほどの日清食品「ラ王」が発売当初と形と大きさが違うのも物流費を考えてのことです。運ぶ物流会社を変えるときに包装設計を変えた会社もあります。このように製品自体を、物流を考えて変える会社があります。

また、価格は物流コストや物流手法で変わる幅が広がりますし、プロモーションは、サンプリングや懸賞などを行えば、物流自体が発生します。物流は、4P全体に影響力のある機能なのです。

物流拠点はどこに、いくつ持つべきか

東日本大震災直後、物流拠点を何カ所持つべきかという質問をよくされました。有名アパレルEコマース社長や人気テレビショッピング社長からも直に質問されました。筆者は、「基本的には1カ所」と答えました。分散することで、地震にあう率は高まりますし、生産性が非効率になりますし、在庫が増え、滞留在庫や不良在庫の発生が増えるからです。

もちろん1カ所の規模が大きくなり、1カ所でも十分な耐震建築にする投資ができるようになれば、2カ所目を考えても良いと思います。また、商品特性上、同送できなかったり、カテゴリー間の相関性がなく、同一注文に入らないのであれば、複数拠点の検討はさらに進めても良いでしょう。

今はヤマトショックから始まった宅配クライシスによる宅配運賃の高騰やドライバー不足

による運送コスト増があるので、運送距離を短くするために、2カ所・3カ所をおすすめするケースが増えてきました。

また、最近は、流通での通販のシェアが高まり、通販向けの大型物件の需要が高まっています。また、関東圏に通販の顧客が集中しているため、関東圏、特に1都3県で大型物流センターを新規で借りる通販企業が増えました。

物流拠点は、生産立地型と消費立地型の2つがありますが、1都3県の物流拠点は消費立地型が大半です。ただ消費立地型でも2つあり、在庫まで持つDC（Distribution Center）と、在庫を持たないTC（Transfer Center）があります。在庫を持つかどうかは業種、規模、生産地、仕入先によって変わりますが、TCの場合は、大型トラックで運び込んだものを、積み替えて中型小型軽トラックで運びます。このTCで成功している企業は、生産地を1都3県より若干遠いところに持ち、生産立地の在庫型倉庫を工場内などに持っていて、大型で運び出し、TCで積み替えるパターンを採用しているケースが多いように思われます。

ポーターの競争戦略と物流戦略

ハーバード大学教授のマイケル・ポーターは、代表的著書である『競争の戦略』で、競争戦略について論じており、その理論は多くの経営幹部から支持されています。戦略論の定番とも言えます。

その競争戦略は3つあると言っています。「コスト・リーダーシップ戦略」「差別化戦略」「集中化戦略」の3つです。

「コスト・リーダーシップ戦略」は、自社の商品を、競合他社よりも低コストで生産（仕入れ）・販売して、競争優位というポジションを確立することです。マーケットリーダーが行う戦略です。

次に、「差別化戦略」は、自社を差別化し競争優位に立つ戦略です。この差別化は、自社の取り扱い商品の性能や品質やマーチャンダイジングでも行えますし、自社ブランドや拠点（店舗の立地やフォーマットなど）や顧客サービスでも行えます。チャレンジャーに適しています。

最後に「集中化戦略」です。マーケット全体でなく、地域や顧客層や特定用途の商品に絞り、経営資源を集中して、競争優位を確立する手法です。ニッチャーのための戦略です。運送業や倉庫業や3PLなどの物流業は、これらの3つの戦略から自社が取るべき戦略を考えて、徹底して戦略を自社のリソースを睨みつつ実行していくことで競争に勝ち抜いていけるでしょう。ちなみに私の経営するイー・ロジットは、中小ネット通販企業向けのサービスに特化するニッチャーの戦略、すなわち「集中化戦略」をとり、顧客数ナンバーワンになりました。

一般企業のメーカーや卸や小売がどの戦略を取ろうが、物流機能はそれに従わなければなりません。例えば、コスト・リーダーシップ戦略を取るのであれば、ローコストで運営できる物流体制を取らないといけません。それは利用業者や利用業態だけでなく、物流センターの立地やサービスレベルにも影響を与えます。しまむらがなぜ物流拠点を郊外に持ち、さらに海外にも目配りし、物流業者も宅配会社を使っていないのは、コスト管理を徹底しているからです。

差別化戦略で、ハイクオリティを求められれば、それを実現しないといけません。例えば、プレミアム・アイスクリームの「ハーゲンダッツ」の物流の難易度が高いのは業界内では有名な話です。

地域という切り口での集中化戦略を取る業種業態で、最近のトレンドといえば、ネットスーパーでしょう。これには、物流と販売の戦略の同期化が重要で、これができるかどうかで勝負は決すると思います。しっかりとKPI（重要業績評価指数）を持ち、日々のPCDAを行い、物流機能を活かし切れるかがポイントになるでしょう。

このように、ポーターの競争戦略論と物流戦略は密接につながっているのです。

物流戦略の４Ｃフレームワーク

	自　社	競合他社
1．convenience（利便性、価値提供）		
2．constraint of time（リードタイム、時間）		
▼		
3．combination of method（手段の組み合わせ）		
4．cost（コスト、予算）		

物流戦略の４Ｃ

物流戦略を語る上で、マーケティングの４Ｐや４Ｃのようなフレームワークとして、角井が温めていたロジスティクスのフレームワークがあります。「物流戦略の４Ｃ」です。

① convenience（利便性、価値提供。contribution to customer）

② constraint of time（リードタイム、時間。lead time, period, time consumption）

③ combination of method（手段の組み合わせ。logistics process, logistics network）

④ cost（コスト、予算。budget）

という４つを考えることで、物流に詳しくない人でも、経営戦略を考えることができます。

例えば、物流のことをあまり意識しない経営者で

物流戦略の4Cフレームワーク（アマゾンプライムナウの場合）

① convenience（利便性、価値提供。contribution to customer）
生活に必要なもの（6.5万アイテム）を、あらゆる時間、忙しく時間がない人が多い都市で提供する

② constraint of time（リードタイム、時間。lead time, period, time consumption）
1時間で（リードタイム）、1時間ごと（時間帯）、朝6時〜夜中1時

③ combination of method（手段の組み合わせ。logistics process, Logistics network）
近くの小型在庫拠点（ストックポイント）
小回りの効く車両（デリバリー）
在庫拠点には、大型車で納品

④ cost（コスト、予算。budget）
コストより、プライム会員の獲得が優先

も、どんな利便性を顧客に与え、どれくらいの時間と時間枠で届け、どんな方法を使い、どれくらいのコストで行えばいいのかは当然のように考えています。実はこれが4Cにあたるものです。

これまでは、こういった考えをまとめる機会や習慣がなかったために、相談すらできなかったり、あまりにもピンポイントな質問「○○できませんか？」になってしまったりして、肝心なビジネスモデルの話にもならないということが多かったと思います。

この4Cの使い方ですが、まず、利便性と時間の2つを考えます。これは、経営戦略に同期したものをあてはめます。ですから、経営戦略によって、全く違うものが入ってきます。そし

て、手段とコストを考えます。手段については、利便性と時間をどう考えるのかで、全く違うものになってきます。そして、コストは、考え方を入れます。相対的に、何を優先するのか？　コストが最優先なのか、コスト以上に重要なものがあるのかです。

わかりやすい例を使って、この物流戦略の4Cを考えてみましょう。今回はアマゾンプライムナウを取り上げてみます。

まず、アマゾンプライムナウの「①利便性」と「②時間」はどうなっているでしょうか？このサービスの特徴は、最短で注文から1時間後には配達を完了できることです。また、よく言っていますが、一般のネットスーパーと比べて、取扱アイテム数が多いことも特徴のひとつです。このことを、「利便性」と「時間」という視点から書き出していくと次のように表せるでしょうか。

①利便性…生活に必要なもの（約6万5000アイテム）を、あらゆる時間に、忙しく時間がない人が多い都市で提供する

②時間…1時間で（リードタイム）、1時間ごと（時間帯）、朝6時〜夜中1時です。

続いて、これを実現するための「③手段」と「④コスト」を書くと、

③手段…近くの小型在庫拠点（ストックポイント）、小回りの効く車両（デリバリー）、在庫拠点には、大型車で納品

④コスト…コストより、プライム会員の獲得が優先

となります。

アマゾンプライムナウは、すでに存在するサービスですから、物流を少しでもかじったことがあれば、容易に書けたのではないでしょうか。

では、物流のことをよくわからない経営者が、これから新しいビジネスモデルを作り出そうという場合は、どうなるでしょうか？

「①利便性」と「②時間」、そして「④コスト」については、じっくり考えれば、書き出すことができるでしょう。しかし「③手段」となると、頭を抱えてしまうかもしれませんね。

でも、そこで「やーめた！」とあきらめずに、少しでも書き出してなんとか「4C」を埋めて、物流の専門家のところに持っていけば、その専門家は簡単に答えを出してくれるでしょう。もちろんその時点で、「①利便性」と「②時間」の実現が難しくなって、修正を加えることもあります。その場合には、修正した上で、再度、専門家に聞くか、物流事業者から見積もりを取ります。これを繰り返していけば、戦略の精度が上がっていきます。

この物流戦略の4Cフレームワークは、何度も自分自身で試しましたが、試せば試すほど、手前味噌ですが、その便利さには驚かされます。

ぜひ、みなさんの会社と競合会社を「物流戦略の4C」で分析してみてください。自社の勝てる戦略物流がより明確になるでしょう。

2―成長企業における物流戦略――アイリスオーヤマ

アイリスオーヤマという優良企業があります。よくビジネス関係のテレビ番組特集で紹介される、年間1000点もの新商品を開発し続けるメーカーです。ホームセンターで販売される生活用品から、お米、国内販売シェア日本一のLED照明、冷蔵庫に洗濯機、掃除機といった白物家電、最近では液晶テレビなども製造販売し、グループ売上は4750億円（2018年度）を超えています。また、この企業はメーカーであると同時に、卸、ベンダーでもあり、メーカーベンダーとして、直接小売店とビジネスをしています。同社の実質的な創業者である大山健太郎会長は、もともと東大阪生まれで、現在宮城県に本拠地を移していますが、この社長の物流に対する知見が素晴らしいと常々感じています。大山会長の考えに、

「物流センターの中に工場を作ろう」というものがあります。

物流センターには、生産立地型と消費立地型の2つがあると筆者はかねてから言っていますが、それは、物流センターは生産する場所か消費する場所に設置するのがベストで、その中間点では無駄になってしまうことが多いということです。

大山会長の「物流センターの中に工場を作ろう」というのは、まさに生産立地型の物流センターのことを指していますが、私は、私の考えを超えた考え方だと感銘を受けました。なぜなら、工場自体もそこにあるのが最適かどうかはわかりません。たまたま地縁があったからとか、土地や人件費が安いからといった理由で作ってしまい、後になって物流コストに苦しむこともあります。

しかし、物流センターの中に作るということは、物流センターを優先させるわけです。消費地を見据えて、販売先のホームセンターの一括納品センターへの納品や店舗に納品するのに効率的な場所に、物流センターを構えるでしょうから、その中に工場を作れば、物流にとって最高の場所になります。

これまでに私は同社をたびたび訪れてきました。大山会長と名刺交換をしたときには、私の名刺を見るなり「物流のことは大丈夫だから」と自信たっぷりに話されました。現在の物流のことも本当によくご存じで、物流は自社の強みであることを自覚され、その強みをさらに強化するためにも、自社での物流運営をされているのです。このように、アイリスオーヤマは、物流を企業戦略として捉えている代表的な企業と言えます。

3―ハブ活用による物流力競争

物流と国力の関係には、相関性があると思います。それには2つ意味があります。まず1つめの意味は、生産国としての国力や消費国としての国力というものです。生産量や消費量があるから、物流量が増えるということです。なので、物流量が多いのは、生産国または消費国としての国力が高いのと相関性があるのです。

もう1つの意味は、物流ハブとして、物を集めることで国力を高めているという意味です。この代表例は、仁川国際空港やシンガポール港湾局が挙げられます。生産地でも消費地でもないですが、海外から製品をいったん集めて、全世界に送るハブを持つことで、その製品を持つ企業の地域本社がその国に来る可能性が高まりますし、ハブで仕分けなどの付加機能を持てば、付加価値の対価がその国に落とされます。仁川国際空港で聞いた「物流量が増えると経済に役立つ」という言葉は、その通りだと思います。

仁川国際空港――国際ハブによる国家間競争

もともと韓国の空港は、ソウル近くにある金浦国際空港が国内と国際の航路をサポートしていました。しかし2001年に仁川国際空港ができると、すべての国際線は、仁川国際空港に移りました。

同空港は、「世界最優秀空港賞」（国際空港評議会（ACI）が選出）に12年連続（2005～16年）で表彰されています。空港サービス品質（Airport Service Quality）が優れているそうです。たしかに、その通りで、入国審査で待たせない仕組みなどで、すぐにそれが実感できます。

乗降客数（2017年）でみると、羽田国際空港は8540万人（4位）に対して、仁川国際空港が6215万人（19位）で、それほど多くはありません。でも、韓国ソウルに近い仁川国際空港をトランジット（乗り換え）して、目的地の他の国に行ったことがある人は多いと思います。このような乗り換え客数は、2011年、成田を超えました。この空港は、乗り換えを主力としたハブ空港なのです。

一方、貨物取扱量は、成田国際空港8位を超えて、仁川国際空港は4位を誇っています。

貨物取扱量の世界トップ10ランキング（2017年）

1位	香港／香港国際空港（中）
2位	メンフィス／メンフィス国際空港（米）
3位	上海／浦東国際空港（中）
4位	**ソウル／仁川国際空港（韓）**
5位	アンカレッジ／テッド・スティーブンス国際空港（米）
6位	ドバイ／ドバイ国際空港（UAE）
7位	ルイビル／ルイビル国際空港（米）
8位	東京／成田国際空港（日）
9位	台北／台湾桃園国際空港（台）
10位	パリ／シャルルドゴール国際空港（仏）

トップ10は、図のとおりですが、国際貨物（海外から来て海外に出る）物流では、第1位の香港国際空港、第3位の上海国際空港などに次いで第4位です。貨物のトランジット比率は45％もあります。

なぜここまでになったのかは、仁川空港の根底の考え方にあると思います。それは、「貨物物流は、国の経済にプラスになる」という考えです。貨物物流は利益にはならないけど、量が増えれば国益につながるということです。

この空港の離着陸料は、関西国際空港の3分の1だそうです。しかも、土地の賃借料（1平方メートル）は、年2・4万ウォン（約1700円）です。ということは、国際物流を集めるために、料金を下げているから、きっと大赤字に違いないと思われるかもしれません。

それが利益を出しているのです。しかも、開港した初年度（2001年）でも、売上289億円、営業利益27億円（純利益▲108億円）を出しています。2011年は、売上約1千億円に対し、営業利益337億円（純利益205億円）を出しているのです。開港11年目で黒字になった関西国際空港とは大きな違いです。

利益が出せている理由はいくつかあります。

まず、建設コストの安さです。例えば、羽田の新しい国際線の滑走路を1本つくるコストの3分の2で、仁川国際空港では埋め立て費用と第1ターミナルと滑走路2本をつくったそうです。アジア金融危機のタイミングだったこともありますが、低額投資への努力の成果です。

初期投資が低いだけでなく、ランニングコストも安くする仕組みもあります。この空港は、株式会社で、従業員は800人しかいません。7600人が、アウトソーシングしている一般会社の人たちです。日本であれば、天下り会社が受託しているんじゃないかと思ってしまいますが、この会社では、天下りを受けている会社とは契約しないという規則があります。純粋にコンペで決めているのです。

また、これ以外にも理由があります。例えば、免税品で利益を出して、それを貨物部門に回しているのです。免税品による収入は、売上1000億円の中の400億円を占めていま

仁川国際空港の強いネットワーク（接続空港の数）

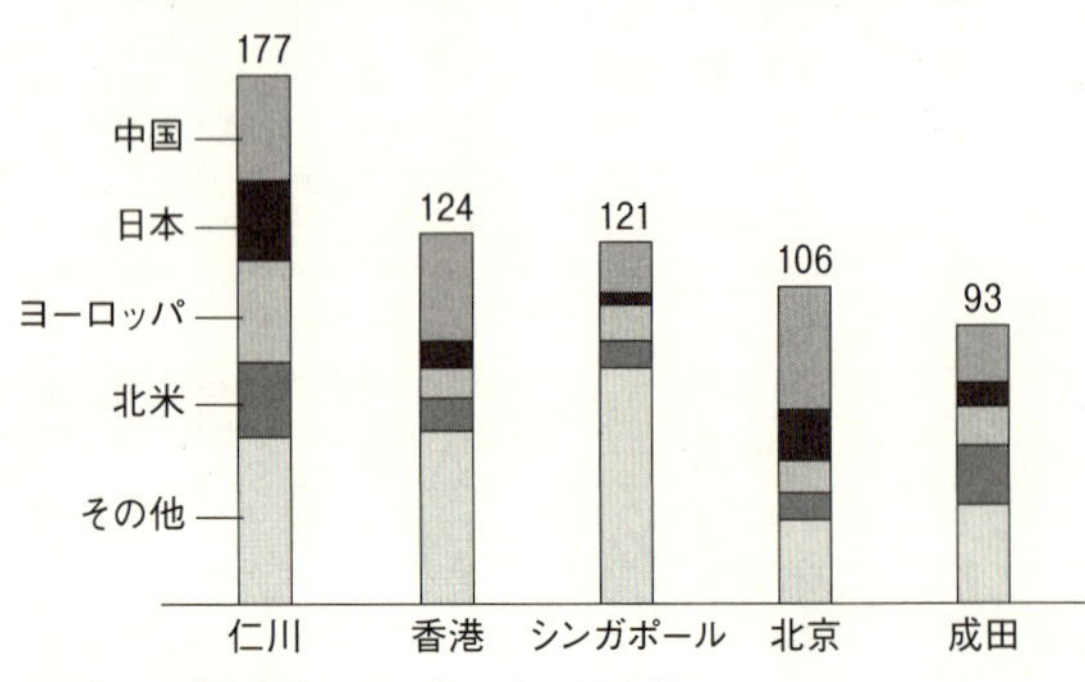

（出所）　同空港資料による（2011年１月時点）

す。世界的に見ても一番売っているのではないかと言われています。空港には基本的に出店しないルイ・ヴィトンは、この空港だけには出店しています。ちなみに、４００億円は免税品の売上でなく、免税品販売の手数料です。その免税品の利益を、国益になる貨物物流のために使っています。

このように、戦略をもって、仁川国際空港は運営されています。

また、なぜ仁川国際空港が国際貨物物流で２位になれたかという話をしましょう。

私は３つ理由があると思っています。１つ目は、接続空港の数の多さです。香港１２４空港、シンガポール１２１空港を大幅に超える１７７空港と接続しています。多くの拠点から、貨物が届き、アメリカをはじめ多くの空港へと輸出されていくのです。

２つ目の理由は、スピードです。この空港では、通関のペーパーレス化により、１件当たりの輸出で2分以内、輸入で2・5分以内というスピード化を実現しています。「ベストカーゴ・エアポート・ワールドワイド」という賞で1位を２００８年、２０１０年の2回取っています。３つ目は、先に書いたコストです。

さらにもう1つ挙げるとすると、その空港を中心とした体制だと思います。空港会社と港湾会社と通関局が物流効率化のタスクフォースを組んでいることです。日本であれば、縦割りで話が進まないところが、的確に進められています。例えば、入国審査が早いのは、何時にどの国から何人来るという情報を空港が入国審査局に提供して、その情報を元に勤務シフトを組んでいるからです。物流では海上輸送との連携で、どうすればよりよいサービスを提供できるかなども常に協議しています。

「貨物物流は利益にはならないけど、量が増えれば国益につながる」という考えを元に、政府が計画を立て、民間と政府がタスクフォースを組んでいるのを目の当たりにして、日本でも同じような取り組みができるのではないかと思いました。

アメリカの運送会社のハブ空港

前出した貨物量トップ10の中の２つは、アメリカの運送会社のハブ空港です。

その1つは、フェデックスのハブ空港のメンフィス国際空港（2位）です。ハブ・アンド・スポークという言葉を聞いたことがあるでしょうか？ 6箇所の空港を一つひとつつなげば15本の航路が必要になりますが、そのうち1つをハブ空港にすれば、5本で済むという考え方です。その考え方を大学の論文で書いたフレッド・スミスはフェデックス創業者です。ハブ空港を使うことで、航空貨物物流のコストを大幅に圧縮することができます。フレッド・スミスは、愚直にこの論文を実践することで世界有数の貨物会社を作り上げたのです。

また、クロネコヤマトの宅急便の生みの親、故小倉昌男氏は、宅急便はこのハブ・アンド・スポークを参考にしたと書籍に記しています。また、旅客に関しても影響を与えており、乗り換え便のほうがチケットの値段が安いのは、それが理由です。それほど、輸送業界（貨物・旅客）に影響を与えている考え方です。

もう1つのハブ空港は、UPSワールドポートがあるルイビル空港（7位）です。そのルイビルに筆者も何度か行っていますので、もう少し詳細に説明しましょう。

UPSは、アメリカの宅配企業です。現在、全世界で48万人を雇い、貨物52億個を取り扱い、718億ドル（約8兆円）を売り上げています（2018年12月期。1ドル＝110円換算)。過去、日本のヤマト運輸と提携していましたので、ヤマト運輸はUPSから多くを学んだと言われています。

このUPSワールドポートは、先の仁川国際空港が国際貨物が多いのとは違い、国内貨物が多い空港です。日本では、宅配便というと、飛行機を使っているのかトラックを使っているのか船を使っているかを気にせずにいますが、アメリカでは陸上輸送と航空輸送では明確に費用も違いますし、到着までの日数が違います。航空貨物は、基本「翌日配達」です。これは国の広さが影響していると思います。ニューヨークとロサンゼルスでは、時差が3時間もあり、アンカレッジまでだと4時間も時差がある国ですので、日本とは比べられないくらい広いのです。東海岸から西海岸の距離が3000マイル(4800キロメートル)ですので、トレーラーなどのトラックで横断するのは、数日かかるのは当然です。

UPSワールドポートは、全米から自家用貨物飛行機が飛んできて、全米に散らばっていきます。1日に300機もの飛行機が来て、帰っていくのです。また、到着して1時間半で飛び立っていきます。

そのハブ空港では、毎日200万個の荷物、ピークでは400万個を処理しています。コンベアがはりめぐらされています。実際に見てきましたが、その壮大な広さに驚きました。

広大なアメリカの翌日配達を支えているハブ空港は、小包や書類の物流で、アメリカの経済を支えていることを感じさせられました。

DHLグローバル・ハブ

筆者は、2017年から3年連続でアメリカのシンシナティにある、DHLグローバル・ハブを訪問しました。

DHLグローバル・ハブは、世界に3つあり、大陸間ネットワークの基幹になっています。シンシナティのほかには、ドイツのライプチヒと香港がグローバル・ハブです。

日本の人になじみのあるDHLは、正式には、ドイツポストDHLグループ（以下、DHL）と言い、Post-eCommerce-Parcel 事業（郵便、宅配）、Express 事業（国際宅配便）、Global Fowarding 事業（国際貨物輸送）、Supply Chain 事業（3PL）の4つの事業を展開しています。2018年の売上は、615・5億ユーロ（7・3兆円）、利益20億7500万ユーロ（2467億円）であり、売上1・6兆円のヤマトホールディングスとくらべると、その大きさはご理解いただけると思います。

DHLエクスプレスの対象国は220の国と地域に及び、250の専用機を所有しています。

シンシナティ・グローバル・ハブは、ＤＨＬ専用機とパートナーの航空機で、毎週３００便以上のフライトがあり、１日約25万個もの荷物が出入りしています。実際、空港の滑走路のすぐわきを専用のバスで移動しながら、あわただしく離発着する専用飛行機を目の当たりにし、その迫力を肌で感じました。

最先端の自動ソート機能を搭載したマテハン機器は、モニターで24時間監視されており、手紙なら1時間に4万５０００通、小包なら1時間に3万５０００個の仕分けをすることができます。

ＤＨＬは、グローバルネットワークの継続的な改善に重点を置き、２０１８年からはシンシナティ・グローバル・ハブと日本を結ぶ直行便も開始しており、週25便のフライトがあり、２０１８年だけで、日本とアメリカの間で２００万個以上の貨物を運んでいます。

なお、アマゾンのプライム・エアサービスも同じハブ空港の一部を利用していることから、アマゾン専用のエリアも見学しています（以前、アマゾン・ハブの稼働初日にも、訪問することができました）。

アマゾンのハブ空港と、ＤＨＬのグローバル・ハブが同じ場所にあることで、アマゾンの越境ＥＣにもプラスになっていることは間違いありません。

第3章　物流で起こす流通革新――ネット専業VSリアル店舗

1――消費者変化で流通が変わる

消費者が変われば、流通が変わる。流通が変われば、物流が変わる

先に物流は、マーケティングの4Pの中のPlace、ディストリビューションだと説明しました。メーカーであっても、卸であっても、小売であっても、消費者の行動が変われば、ディストリビューション（流通）が変わりますし、当然、モノの動き方も変わります。

物が不足していた時代では、少品種大量消費でした。例えば、シャンプーは、家に1種類があれば十分でした。同じシャンプーで家族全員、おじいちゃん、おばあちゃん、お父さん、お母さん、息子、娘も髪の毛を洗っていました。

今はどうでしょう。家族一人ひとり別々のシャンプーを使っています。シャンプーだけでなく、リンスやコンディショナーも使っていますし、製品もダメージヘア用や硬い髪用や子供用などあらゆる用途に合わせた種類が出てきました。いわゆる、多品種少量消費の時代になったのです。

消費者の行動が少品種大量消費から多品種少量消費になったことから、生産も同様に、少品種大量生産から多品種少量生産に変わりました。

少品種大量消費から多品種少量消費になることで、生産や販売も変わる

少品種大量生産	少品種大量販売
↓	↓
多品種少量生産	多品種少量販売

同時に、流通過程も変わりました。シャンプー売り場に置かれる種類は当然増えますし、そこに届ける卸の物流現場も、昔ならケース単位でよかったのが、バラ単位になったのです。さらに卸に納品するメーカーは、パレット単位や1車単位で運べばよかったのが、ケース単位でしかも多品種を運ばないといけなくなりました。

これはどういうことを意味するかというと、流通過程の手間が格段に増えたということです。ケース単位でよかった納品がバラ単位になるということは、パレット上にあるケースをピッキングすればよかったのが、ケースを開けて、棚に並べて、そこから1個ずつピッキングすることになるのです。しかも、多品種ですから、何種類もピッキングするわけです。

さらに、流通自体も競争の勝ち残りのために、様々な取り組みをしています。例えば、先ほど説明したように、コンビニエンスストアでは、店頭の商品アイテム数を増やすために、1アイテムあたりの店頭在庫数をできる限り減らし、販売エリアを増やすためにバックヤードを小さくして、そこにあった在庫を減らしました。その取り組みの中で、多頻度配送を実施しました。

それだけではありません。多品種になると同時に、取り扱いメーカーや納品業者数が増えましたから、荷受の回数が多くなり、手間（コスト）がかかっていました。それを減らすために、物流センターを一元化して、そこに納品させてセンターから運ばせるようにしたのです。これによって、コンビニエンスストア側の荷受の手間を減らしただけでなく、納品先の手間（配送件数）を少なくしました。

このように、消費者が変われば、流通が変わり、流通が変われば、物流が変わるのです。だから、消費者行動や流通形態の変化を注意深く見ることは、メーカーであっても物流に携わる人にとっては必須のことなのです。そこで本章では、最近の流通の変化について、みていきましょう。

マルエツプチ神田司町店

スーパーの小型店化とネットスーパー

写真は、マルエツの神田司町にあるお店の写真です。マルエツといえば、スーパーですから普通はそれなりに大きなお店です。しかし、写真を見ると小さめのお店だとわかりますでしょうか。実は、このお店の場所は以前、あるコンビニでした。そのコンビニが撤退して、マルエツが出店したのです。この業態は、マルエツプチという小型店舗です（2019年現在、東京都内だけでも70店舗近くあります）。コンビニよりも多くの種類の商品が、コンビニより安く販売されています。

筆者はこの店の近くに住んでいることもあり、たまに向学心で立ち寄りますが、明らかにコンビニ当時よりも顧客が多いです。このように、より顧客に近づく業態は、マルエツだけでなく、セブン&アイやイオンも展開し始めました。当然、これも物流に変化を求めることになります。

「買い物難民」という言葉を聞いたことはありますか？　買い物をしたくても、近くに店がないために購入できない人のことを言います。

モータリゼーションにより、車で郊外にあるショッピングセンターに買い物に行くライフスタイルになりました。しかし、最近は若者がクルマを所有しなくなったり、高齢化によるクルマ離れなどで、車でしか行けない場所に買い物に行くことができない人が多くなってきました。

この現象は、地方だけのことだと思われる人が多くいるでしょうが、都会のことなのです。昔は駅前にあったお店が、郊外店に負け閉店していきました。消費者は車に乗って買い物に行きましたから不便に思っていませんでした。しかし、年齢を重ねることで、車に乗るのが怖くなったり、歩くのに杖を使うようになったり、運転免許証を返納したりという状況になると、歩いて行ける場所にまたお店がほしくなったわけです。そこで、先に話した「小型店」を出したり、移動店舗を開発したりして、消費者に近づいていています。

イオングループでは、「まいばすけっと」という業態を開発し、都心部中心で展開しています（2019年3月時点で関東766店、北海道36店）。

さらに、ネットスーパーも身近な買物方法になりました。これは、インターネットで商品を購入し、その商品を家に届けてもらうサービスです。熱中症が心配な暑い夏に外に出なくても、商品を買って届けてくれますし、重たいお米やお酒を持って帰らなくても届けてくれます。小さな子供がいて、1人で買い物しながら、面倒がみられないと負担を感じている主婦にとっても、大変助かるサービスです。

このネットスーパーは、イオン、イトーヨーカ堂、西友をはじめとして、多くのお店で実施しています。送料有料で実施する企業も多いですが（6000円程度、まとめて購入すると送料は無料となるところが多い）、利用者は増えているといいます。

このサービスによっても、新しい物流が生まれています。各店舗でピッキングして、各店舗で委託した配達業者（軽トラ事業者）がお届けする方法が主流ですが、大きなネットスーパー用の物流センターを設置しているところ、ネットスーパー専用のピッキングを行う店舗（ダークストア）を設けるところも出てきています。

このサービスを、食品スーパーを中心に多くのお店で実施しています。現在は、有料で実施する企業も多いですが、利用者は増えているといいます。

宅配サービスとしてのネットスーパー

私は、ネットスーパーのことを1つの宅配サービスだと思っています。しかし、ネットスーパーが明らかに違うのは、酒屋さんやお米屋さんの宅配は、原則無料であり、多くのネットスーパーは原則有料であるということです。

サザエさんにでてくる三河屋の三郎さんは、御用聞きをして商品を配達しています。当然、配達料は取りません。また、生協などの宅配サービスも一部無料のところもあります。日本の主婦は有料サービスには抵抗があるようです。例えば、スーパーのレジ袋の有料化の流れがありますが、レジ袋が必要な人に数円課金するより、要らない人に割引をしたほうが評判がよいようです。有料で宅配しますよと言うより、無料で宅配しますよと言ったほうが、利用者が増えるでしょう。

まさにそう考えて、宅配サービスを行い、圧倒的な売上を作った会社があります。「カクヤス」です。この企業は、東京23区内であれば、2時間以内に無料でお届けしますという宅配サービスを行っています。過去、課金したこともあるそうですが、完全無料のほうが購入が増えるということで、ミネラルウォーター1本でも無料で2時間以内にお届けするサービスを行いました。今は、そのサービスレベルも上がり、1時間以内で届けてくれるそうで

カクヤス：戸越銀座周辺でも、これだけ店舗がある

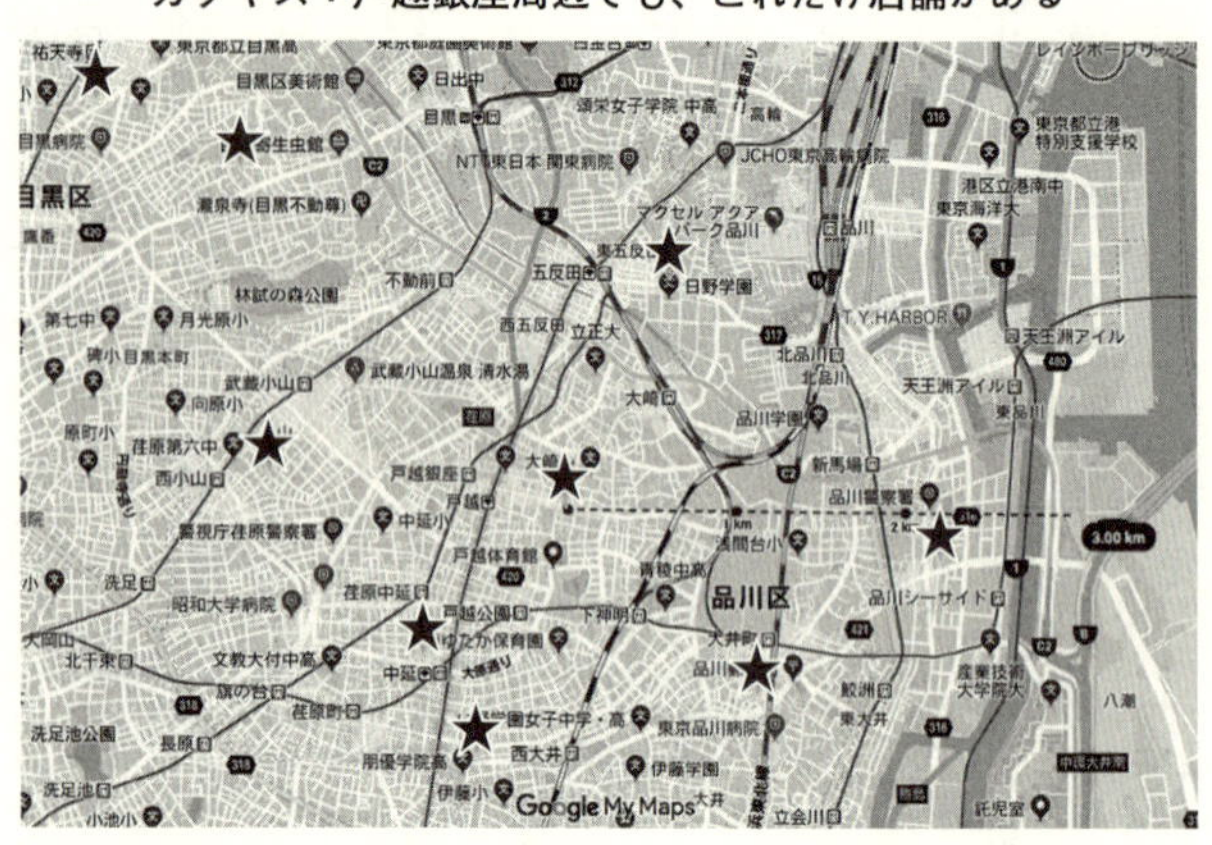

（注） ★がカクヤスの店舗がある場所

す。また大阪でも店舗を展開しサービスのエリアを広げています。結果、売上は1000億円を超えました。

地図を見てください。戸越銀座のお店の周りには沢山の店舗があります。これらの店舗から各家庭や各飲食店に運んでいます。これは、まさに物流網です。1店舗1日250万円～300万円を売り上げるそうですが、宅配で200万円以上を販売するそうです。

また、宅配というのは、酒や米だけではありません。いわゆる出前というサービスもあります。ピザの宅配、そばやカツ丼、寿司の宅配、最近では釜飯やパスタも宅配してくれます。

そして、マクドナルドまでも宅配を始めました。現在、東京都内を中心に、全国の一部エリ

アで、デリバリー料300円で実施しています。マクドナルドはコンビニエンスの追求をしています。一方で、コンビニのセブン‐イレブンは、セブンミールという宅配のサービスに対応しています。あらゆる業態が、宅配サービスという利便性を顧客に提供して、1店舗当たりの売上を増やそうと目論んでいます。

これも物流に変化を生みます。宅配自体が物流ですし、そのための上流での物流方法にも変化が出てきます。

富山の置き薬商法

富山の置き薬商法とは、家庭やオフィスに置き薬を置き、使った薬代だけを請求するという仕組みです。いろんな薬を常備薬として持ちたいけど、有効期限もあるし、使わないで廃棄する可能性もあるからなあと思っている人には、便利なサービスです。

この商法と似たサービスを行う企業が出てきました。その代表格はオフィスグリコです。オフィスグリコは、小さな箱に1個100円の商品を入れ、オフィスで働く人が目に付く場所に設置します。食べたい人が100円を入れて取り出して、週に1回か2回、商品の入れ替え補充と代金の回収に、グリコのサービススタッフがやってきます。

この時に活躍するのが台車です。これは、競合他社の台車なども参考にして、改良に改良を重ねたそうです。これを営業所から押してお客様の企業に行くのです。

このサービスができるまでは、オフィスで働く人は、お菓子を買うためにエレベーターで1階まで降りて、コンビニまで歩いていました。しかも高い階の人ほど買いに行くのが面倒なので、我慢していたのです。このサービスができてからは、想定していなかった男性の購入が増えたそうです。これまではお菓子を買わなかった層の購入を促しました。

自動販売機――商品を消費者のそばに

自動販売機では、カップラーメンや書籍などいろんなものが売られていますが、やはり代表的なものは飲料(ソフトドリンク)でしょう。200万台を超える清涼飲料の自動販売機が日本に設置されています(日本自動販売システム機械工業会。2017年12月末)。人口あたりで考えたら、すごい数です。60人に1台の自販機があるのです。

コンビニより近い場所に商品があることで、自社の商品を手に取ってくれる可能性が高まるわけですから、より台数を増やそうと考えるのがメーカーでしょう。しかも、スーパーやコンビニと違い定価で販売できますし、直販なので利益も稼げますから、ドル箱商売とも言えるでしょう。

その自動販売機をうまく活用している例を紹介しましょう。

1つ目はザ・プロアクティブカンパニーが販売しているプロアクティブというニキビケア製品の自販機です。通常は通販で販売しています。自販機のことを、この会社では店舗と言っています。この自販機はテレビコマーシャルと同じ映像を流し、クレジットカードや現金で購入できるようにしています。

通販で買って家に届けられ親に見られるのが恥ずかしい学生や、通販でクレジットカードを使うのを嫌う人にとっては、自販機はありがたい購入場所になります。

2つ目は、ドールが販売するバナナの自販機です。摂氏13度というバナナの鮮度管理に最適な温度が維持されていて、1本130円と高めに価格設定されています。これが、「この周りでバナナなんてどこに売ってるの?」と思うような場所に置かれているわけです。渋谷に設置された自販機で月10万円を売り上げているそうです。

なんで自販機でバナナが月10万円も売れるかと不思議に思う人がいると思います。これは、こう考えられます。渋谷で働く人でもバナナが好きな人がいるはずです。でも買える場所がなかったし、知らなかった。だから、自販機でアピールすることによって、買う人が出てきたということです。これも商品を消費者のそばに置きに行くという発想で考えれば、需要創造につながった理由がよく理解できます。

ダイレクトマーケティング（通信販売とネットワーク販売）

ダイレクトマーケティングというと、通販が頭に浮かぶ人が多いでしょう。しかし、アメリカでは通販だけでなく、ネットワークビジネスもダイレクトマーケティングの1つになります。アメリカのメーカーがダイレクト販売を検討する際には、通信販売とネットワーク販売を考えるのです。

まず通信販売について説明しましょう。日本で最初の通販商品はタネだと言われています。明治9年（1876年）のことです。その後、日本では、アメリカのシアーズを参考にカタログ通販が普及しました。テレビ通販やラジオ通販やチラシ通販など様々な媒体で販売する形態がありますが、その中でもカタログ通販が一番大きな規模になりました。

しかし、インターネットの普及とともに、Eコマースが発展し、そのカタログ通販でさえもインターネット販売にシフトしなければ業績が厳しくなりました。現在、ネット通販では、楽天やアマゾン、ヤフーを中心に沢山の企業が出てきました。その販売金額は、百貨店を超え、コンビニさえも超えました。

インターネット通販は、その特性からか、注文してすぐにほしいというお客様が多く、それまでカタログ販売であれば、10日で良かった納品リードタイムが、翌々日到着程度まで短縮されるようになりました。インターネットの登場で通販物流が変わったのです。

次に、ネットワーク販売について説明しましょう。なぜか、日本ではイメージが悪いのが残念ですが、ネットワーク販売が日本に入ってきたのは、フランチャイズビジネスと同時期で、こちらはスムーズに日本で普及していきました。客観的にみると、どちらも、同じようなビジネスだと私は感じます。

このネットワークビジネスで販売される商品は、説明が必要なものが多いのが特徴です。「あの人の紹介なら買ってみよう」となる紹介販売や、「そんな良い効能があるなら」という口コミ販売に適した商品です。

物流の話をすると、ネットワークビジネスは、ディストリビューターと言われる人たちが、購入者に商品をお届けする場合と、代引き宅配で送る場合があります。商品説明を聞いていたときは、ほしいと思って注文しても、いざ商品が代引で届くと受取拒否をするケースも多いのが特徴です。

オムニチャネル――バーチャルとリアルの融合

今から数年前のことですが、「どんな注文方法にも、どんな受け取り方法にも対応する」オムニチャネルへの関心が高まりました。その後には、スマートフォンやスマートウォッチ、アマゾンエコーなどのスマートスピーカーといった新しいデバイスが身近になり、いろんな注文方法（店舗、パソコン、スマホ、スマートスピーカーなど）、さまざまな受け取り方法（店舗、宅配、コンビニ受け取り、宅配ボックスなど）が、簡単に選べる時代になりました。

コンビニ受け取りサービスはスマートデポという会社が２０００年に発想（当時はコンビニ留め置きサービス）して、コンビニ各社に提案して実現していきました。コンビニにとっては、ネット通販会社からの留め置き手数料がもらえるという利点はもちろんですが、商品を取りに来たお客様に店舗の商品も買ってもらえるという利点があります。ただバックヤードが小さいため、多くの商品が置けないのが難点です。

このコンビニ受け取りサービスはインターネット通販だからこそ可能になったサービスです。パソコンやスマートフォン、タブレット端末から、受け取りたいコンビニ店舗を選んでおけば、その店舗に商品が到着し次第、メールで連絡が送られてくるので、都合のよいタイミングに受け取りにいけばいいのです。24時間３６５日、いつでも営業しているコンビニならではのサービスです。

また、アメリカの先進事例では、バーチャルとリアル、ネット通販とリアル店舗の融合をどんどん進めているギターセンターがあります。

1959年に開設した電子オルガン販売店「オルガンセンター」を起源に、取扱商品を拡大。現在約300店舗と世界最大の楽器販売チェーンとなっています。同社では、オムニチャネルを武器にしており、店舗や通販での購入はもちろん、ネットで購入し店舗で引き取りもできますし、他店からの取り寄せもできます。さらにビンテージギターなどの場合、複数店舗でバラバラにある商品を自分の引き取りたいお店に集めることもできます。もちろん店舗間だけでなく、物流センターからの取り寄せも可能です。

さらにギターセンターには、お客様が実店舗に足を運ぶ確たる理由もあります。スタッフ全員が楽器愛好家であり、楽器を奏でる技術もあります。しかも、楽器初心者の来店客でもフレンドリーに対応する接客技術を備えており、顧客満足度が非常に高いのです。

ギターセンターは、ネット通販と実店舗の相乗効果をもたらすオムニチャネルを、接客というソフト面でも実現しています。

2——ネット専業vsリアル店舗

アマゾンvsウォルマート

ネット専業とリアル店舗の競争は、それぞれの最大手であるアマゾン対ウォルマートでよく議論されます。それぞれネット専業とリアル店舗の小売業で最大手であり、両者ともに成長し続けている企業だからです。

近年の売上は、アマゾンは2328億ドル（2018年決算。1ドル110円換算で25兆6080億円）で、ウォルマートの5003億ドル（2018年決算。同55兆330億円）となっています。2011年の売上実績では、アマゾンは480億ドル（2011年決算。1ドル110円換算で5兆2800億円）、ウォルマートが4190億ドル（2011年決算。同46兆900億円）で約9倍の差がありましたから、この7年の間、アマゾンの成長率がいかに高かったか、よくわかります。

時価総額で見ると、2015年7月にアマゾンがウォルマートの時価総額を抜き去り、小売業として世界最大規模になりました。その後、両者の時価総額は、株式市場からの期待値

アマゾンVSウォールマートのこれまでの株価騰落率

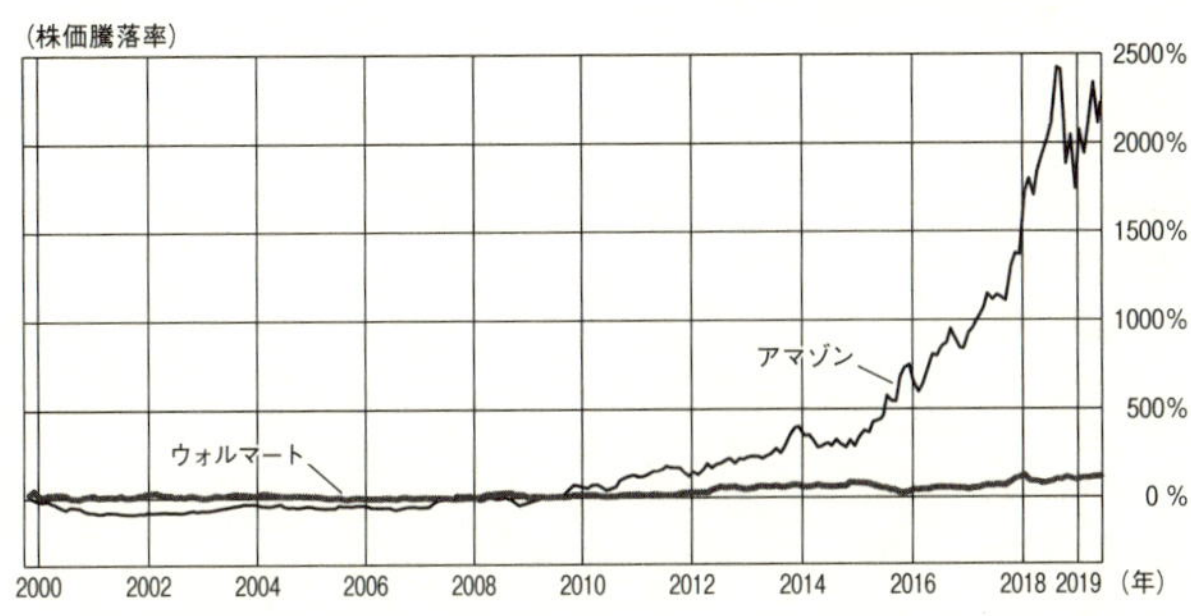

の差となって現れ、２０１９年3月時点で、ウォルマートが２８６０億ドルなのに対し、アマゾンは８２００億ドルと3倍以上の差になっています。売上規模や営業利益（ウォルマート２０４億ドル、アマゾン１２４億ドル）の差を考えると、大きな期待がアマゾンに寄せられていることがわかります。

その将来に向けての投資は、キンドル以外に、物流センターにも行われています。アマゾンはこれまで物流センターを１９９以上（２０１９年7月時点、ＭＷＰＶＬ調べ）も有しており、規模の大きいウォルマートの１７３（２０１７年、ＭＷＰＶＬ調べ）と比べると数の多さに目を見張ります。当然、これだけの物流センターを持っても、店舗がない分、流通コスト（ディストリビューションコスト）が低いでしょう。

また、インターネット通販は、ユビキタスをフル活用でき、スマートフォンやフィーチャーフォン（ガラケーとも言う）やｉＰａｄからもアクセスできます。そのため、いつでもどこでも購入ができるので、客単価（1注文単価）は低いはずですが、その分多くの人が購入しています。1週間で2億7000万人がウォルマートに世界で来店するのに対し、1カ月で29億7500万人（2018年12月Statista調べ）がアマゾンのサイトにアクセスするというデータがあります。

このような状況ですが、ウォルマートは売上が大きいので、バイイングパワーがあります。実際に、ウォルマートの価格は、アマゾンより1・73％安く、食料品では4・6％安いという情報があります（2019年5月LendEDU調べ）。

業態間競争――マクドナルドとコンビニの競争

マクドナルドが売上を落とした際（2011年夏）に、コンビニの影響だというコメントを出しました。日本マクドナルドで過去ＣＥＯを務めていた原田泳幸氏は、在職時にセブン－イレブンが最大の競合だと言っていました。また、ハンバーガーとラーメンと牛丼とコンビニは、ビジネスマンの昼食で競っており、いかに来店客数を増やすか知恵を絞っています。コンビニは、調理場を持ちませんが、調理場を持つ飲食店にも引けをとらない美味しさを店頭販売でも出そうと改良を繰り返し、物流においてもできるだけチルドを使わないなど知恵を絞っています。

また、先に話したようにマクドナルドやセブン‐イレブンでは、パソコンやスマホを入り口に宅配を始めています。リアル店舗にとって、オムニチャネル化はネット専業に対し競争優位に立つために必要な考え方です。

ローソンの元社長の新浪剛史氏は、あるパネルディスカッションの中で「競合はアマゾンだ」と話されました。コンビニとネット通販は競合だというのです。それは、コンビニエンスストアは「コンビニエンス（利便性）」を追求しているが、アマゾンのほうが利便性が高くなっている。だから、ローソンは、その先を行く「スーパーコンビニエンス」を追求する必要があるとおっしゃっていました。

スーパーコンビニエンス――消費者目線の４Ｃ

最近、いろんな所で「スーパーコンビニエンス」という言葉を聞くようになりました。この解釈はいろいろあるでしょうが、筆者は次のように考えています。

前述した「マーケティングの４Ｐ」（Product, Price, Promotion, Place）は主に販売者側のものの見方です。これに対して消費者視点に立ったマーケティングの考え方に４Ｃ――Customer Value（顧客価値）、Customer Cost（顧客コスト）、Communication（コミュニ

マーケティングの４Ｃ

ロバート・ラウターボーンが買い手視点を提唱

顧客価値 Customer Value	顧客コスト Customer Cost
コミュニケーション Communication	利便性 Convenience

ケーション）、Convenience（利便性）があります。

４Ｐの Product に対して、４Ｃでは Customer Value（顧客価値）、Price に対して、Customer Cost（顧客コスト）と言います。たとえば５００ミリリットルのペットボトルのお茶を買う１５０円は、ビジネスマンなら安いものでしょうが、小学生にとってはそうそう買えません。つまり同じ価格でも、顧客にとってそれぞれコストが違うということを言っているのです。Promotion（広告）に対しては、Communication（コミュニケーション）です。つまり宣伝しても顧客にメッセージが届かないと意味がないということです。

４Ｃの最後の Convenience（利便性）が、スーパーコンビニエンスにつながります。顧客からすると、流通経路は何でもよいのです。自分が買いたい時に買える場所にあればよいのです。毎日通勤時にコンビニの前を通るので、お弁当を買うのにそのコンビニに寄るのです。コンビニがなければ、少し遠回りしてお弁当屋さんに行くかもしれませんし、自分で作るかもしれません。

また、お菓子を買うのに、コンビニまで買いに行くよりオフィスにあるオフィスグリコで買うのは、わざわざエレベーターに乗って買いに行かなくても、すぐそこにあるからです。

このようにコンビニエンスを超えた「スーパーコンビニエンス」は、顧客にとっての利便性を追求することなのです。4PでのPlaceはディストリビューションのことです。ここが物流戦略といえるでしょう。4CのConvenienceも物流戦略だと、筆者は思っています。

スーパーコンビニエンスの追求は、いかに顧客がほしいと思った時に、その手元に近いところに置けるかが勝負です。例えば、先のオフィスグリコやバナナの自販機もそうです。

カフェやコンビニなどの出店調査を過去行ったことがありますが、その時に、ターゲットになる人の通行人数を調べます。和菓子店であれば、スーパーのレジ袋を持った主婦の数ですし、低価格カフェであれば出勤時間帯などのビジネスマンの数です。牛丼店であれば、タクシーの通行車両数です。このように、いかに顧客がほしいと思った時に、目に付く場所に店を作るのです。

例えば、あなたは飲料メーカーに勤めているとして、どうやって販売量を伸ばせばいいかを考えてみましょう。今、あなたはこの本を家で読んでいるとしましょう。その時、あなたが飲み物を飲みたいと思った時に、出かけますか？　出かける人は少ないでしょう。男性であれば、着替えないといけませんし、女性であれば化粧もしないといけません。

おそらく、あなたの会社の飲料を飲んでもらうためには、冷蔵庫に置かれていないといけないのです。もしくは、東京であれば、カクヤスに注文して持ってきてもらうのも手でしょう。ただ1時間かかるので、飲みたい時にすぐに飲めないのはマイナスポイントです。

筆者は、これからの勝負は、いかに商品を顧客の近くに置きに行くかという発想が必要だと言っています。まさに、それが「スーパーコンビニエンス」の追求です。

リアルもネットも常識にとらわれるな！

筆者から見ると、リアル店舗もネット専業も、自分の業態にとらわれている感があります。どういうことかを説明しましょう。リアル店舗は、卸から仕入れたものを店舗に在庫して、チラシなどを撒いて、店舗に来てもらって、商品を購入してもらうのが自社の業態だと自社を縛り付けているように感じます。一方、ネット専業は、物流センターに自社商品を保管し、ネットで注文を受けたものを、物流センターから宅配会社を使って配達するのが、自社のビジネスモデルだと縛っているように見えます。

両者ともに、消費者に多くの商品を買っていただくことが目的です。だから、店頭を顧客接点しなければならないとか、インターネットを注文窓口にしなければならないとか、固定する必要はないのです。

たしかに、業務効率を考えると、ビジネスフローをシンプルにして、業務をより太く、単純で明確な業務を繰り返し行うようにして、生産性を高めることは大切です。また、ビジネスフローがシンプルになると、お客様のユーザビリティーも高まります。なぜなら、利用回数の増加が慣れにつながり、より安心して購入してもらえるようになるからです。

でも、それでも業態にとらわれるなとは、どういうことでしょうか。それは何より顧客接点を自ら限定してしまわないということです。オムニチャネルの時代はスマホ（スマートフォン）でもガラケー（フィーチャーフォン）でもｉＰａｄでもノートパソコンでもデスクトップでも、スマートスピーカーからでも、商品を買えるようになります。もちろんこれまでのメディアであるチラシ、カタログ、テレビ、ラジオ、新聞を使った購買や、店頭での購入もあります。顧客の属性によっては、年齢の高い人には新聞、若い人にはスマホと、販売企業のリソースには限界がありますから、取捨選択して、使うチャネルを絞ることでしょう。

また、注文方法は、インターネットなのか、電話なのか、ファックスなのか、ハガキなのか、現物交換（店頭など）なのかも取捨選択が必要でしょう。

最後に、どう商品を渡すのかというものも選択しなければなりません。宅配で直接渡すのか、店舗などで渡すのか、自販機で取ってもらうのかなどの選択肢があります。

「ギターセンター」（アメリカ）は、物流センターの在庫も、店頭の在庫もインターネットで調べることができるので、お店に引き取りすることもできますし、ビンテージギターを遠方の店舗からも取り寄せることもできます。

このような状況の中で、自社の業態を決めつけてしまっては、折角のビジネスチャンスを潰すことになります。機会損失です。

ネットスーパーの業態は、インターネットで注文して宅配でお届けすると決めてしまったら、商品は持って帰れないけれど、健康のために店まで歩いて商品を選ぶところまではしたいというおばあちゃんを顧客にすることはできません。私自身もサンフランシスコに住んでいたときは、ルームメイトのフランス人と散歩がてら、スーパーで買物をして、商品は5ドルくらい払って2時間後に届けてもらっていました。散歩途中に、スーパーの袋を持ち歩きたくないですから。

また、アメリカのように車社会でスーパーが広大だと、選ぶ時間に不便を覚え、インターネットで商品を選び、店舗に商品をピックアップしにいくこともよくあります。ごく最近のデータですが、ディスカウントストア大手のターゲット（アメリカ）では、インターネット通販で購入した商品のうち、4分の3が店頭受け取りだったそうです。

日本でも、「無印良品」を提供する良品計画や「ユニクロ」を展開するファーストリテイリングなどのように、自社の店舗ネットワークを活用して、ネット通販で購入した商品を顧客に便利な場所（店舗）で受け渡しができるようにするリアル店舗の企業も増えています。また、専門知識に基づくアドバイスを強みに、店舗受け取り実績を伸長させているところもあります。2018年に「TSUTAYA」などを展開するカルチュア・コンビニエンス・クラブ（CCC）の子会社となった、カメラ販売・DPE（写真の現像・焼きつけ・引き伸ばし）大手チェーン「カメラのキタムラ」を展開する「キタムラ」です。ネット通販「キタムラネット」の売上高が全体の約3割を占めているのですが、ネット通販利用者の70％以上が送料無料の店頭受け取りを選択しています。

3——リアル店舗の物流が変わる

リアル店舗の物流のミッション（目的）

リアル店舗の物流のミッションは何でしょうか？　別に物流センターを持たなくても、卸やメーカーに物流を任せたらいいのではないでしょうか？　でも、リアル店舗も規模が大きくなると、物流センターを持ち始めます。なぜなのでしょうか？

リアル店舗物流の目的は、

①店頭での欠品を防ぐ
②店頭の在庫を最小限にする
③店頭での受け入れ作業を減らす
④仕入れコストを下げる

です。

この中で、「①店頭での欠品を防ぐ」というのが最優先です。いかに店頭の在庫を欠品させないで、機会損失（購入されないリスク）を減らすかが最重要視されます。そのため、商品が店頭から売れて在庫ゼロの状態をなくすために、即座に在庫を補充できる仕組みを持ちます。そのためのポイントは、まず注文から補充されるまでのスピードです。

注文してから1日かかるのと2日かかるのでは、在庫が何個になった時に発注するかという発注点が変わります。毎日平均して2個売れる場合で、実際の売れる個数が0個2・5％、1個20％、2個45％、3個20％、4個以上2・5％だとしましょう。

注文してから1日で商品が届く場合は、3個の時に発注するようにすれば、97・5％の確率で欠品は防げます（細かい要件は考えていません）。しかし2日かかる場合は、6個の時点で発注しないと欠品が増えます。そう考えると、1日と2日の場合だと2倍の在庫金額が必要になりますし、保管場所も必要になります。

多くの商品は卸というストックポイントがあるので、注文後翌日到着が可能です。しかし、よりオリジナリティを出すために、家族経営の少量生産の会社に注文するようなことがよくあります。例えば、「北海道帯広のおじいちゃんが作った年間100個しか作らないチーズ」とか「青森でしか買えない◯◯醤油」「福岡の醤油屋がつくった天然だし」といった商品です。そのような商品があると、翌日には到着しませんし、各店舗の多くの商品を持つことができません。そうなると物流センターが必要になります。

また、発注してから翌日届くのと、当日届くのでも機会損失を大きく違います。なぜなら、先ほどの例であげたように4個以上売れるような異常値があるからです。以前に、あるテレビ番組で「納豆を食べると健康によい」と放送されて、たちまち売り切れたことがありました。実は、その番組では特集があるときメーカーに事前に内容や時期などの番組情報を流していました。それでも異常値には対応できないのです。そこまでの異常値でなくても、商品が買い占められた（全量買われた）時に、1時間後に届くのと、翌日（営業時間で8時間後）届くのでは、機会損失も大きく変わります。

紳士服販売チェーン「洋服の青山」を展開する青山商事は、競合他社が翌日午後に商品が店舗に届くのに対し、翌日早朝（開店前）や当日の店舗納品を可能にしました。圧倒的に機会損失を低減することができます。

わかりやすくするために、「発注してから納品まで」という表現をしていますが、厳密にいうと、「買われてから棚に補充されるまで」の時間を短くすることが、欠品を最小限にする物流の役割です。そのために発注自体をなくす「自動補充」や、店頭で検品をさせない「ノー検品」や、補充の手間をかけない「通路別納品」、夜中に物流を行って実現する「夜間納品」などの方法があります。

そのため、この①のミッションを真剣に考え、愚直に実現していくと、「②店頭の在庫を最小限にする」「③店頭での受け入れ作業を減らす」ことも実現されていきます。

最後の「④仕入れコストを下げる」に関しても、①の実現のために、物流センターを持てば、まとめて商品を購入できますから、バラ単位からケース単位、ビールなどであれば、トラック単位で購入する（届けてもらう）ことで、仕入れ金額が下がります。

物流のミッションとして4つ挙げましたが、欠品をなくすために、購入から補充までの時間を最小にすることが最重要なのです。

一括納品センター（物流センター）とセンターフィー

リアル店舗の企業は、自社の店舗まで物流センターから運びます。物流センターを持っていないリアル店舗は、店舗に1日にいろんな会社から納品があるので、その対応に店舗の従業員は手を取られることになります。そのため店舗数が5、6店舗以上になってくると、なんとか一括して商品を納品できないか、商品の一括購入（まとめ買い）で購入価格も下げられないかと考えて、物流センター経由の物流を検討し始めます。この物流センターのことを、「一括納品センター」と言います。

企業としては、余計な費用をかけたくないということで、物流センターの費用を、仕入先に持ってもらえないかと考えます。もしくは、仕入先からの仕入れ価格を下げられないかと考えます。

その1つの方法がセンターフィーです。卸にとって1店舗ごとに納品するコストより、まとめて1箇所に納品したほうが、物流コストが下がるだろうということで、仕入れ価格に一定比率を掛けた金額をセンターフィーとして、卸売会社に請求するのです。たしかに複数箇所に納品するより1箇所のほうが配送コストが下がりますが、すべてのケースで下がるとは限りません。

もし、リアル店舗の小売業が、無理に卸に一括納品を強要した場合は、公正取引委員会による「優越的地位の濫用」に当たる可能性があるので、センターフィーを払うケースが減ってきているようです。センターフィーは、協賛金、従業員派遣とならび、「優越的地位の濫用」として、業界の悪慣習と見られているので、注意した方がいいでしょう。ただ、物流の専門家から言わせれば、一括納品は、ほとんどのケースでベンダーのコストを下げます。公正取引委員会のいうように、根拠ある数値を出せば良いことなので、物流センターを新設するときは、根拠を出して、仕入先1社1社と話し合って、納得の行く形で、進めていけばいい話だと思っています。

小売から卸に対しての要望によって、物流コストの低減効果が変わります。例えば、全店舗分をまとめて送ってほしいと言うのと店舗別に箱を分けてセンターに送ってほしいと言うのでは、卸の物流センターでのコストが変わります。大きな箱1箱に、5店舗分の洗剤10本と石鹸5箱を入れればよかったのが、小さな箱5箱に洗剤2本と石鹸1箱を入れていくのでは、手作業の工程が増えます。また、包装資材のコストも上がるでしょう。折りコン（折りたたみコンテナ）を使っていれば、容積が5倍になり、配送費用も大幅に上がる可能性も出てきます。

センターフィーの制度を導入するのであれば、自社都合だけでなく、卸売業の手間（コスト）を減らすことも念頭に置く必要があります。

また、物流センターの在庫を卸の在庫とし、物流センターから出た瞬間に小売の在庫にする「VMI（ベンダーマネージドインベントリー）」という方法を使ったりもします。これは、卸にとっては、在庫リスクが増えますが、帳合（取引先口座）を増やすことができるチャンスになります。小売にとっては、在庫金額を減らすことでキャッシュフローを良くすることができる（現金をたくさん持つことができる）ので、両社にとって条件さえ見合えば、実践したい手法です。

店舗への配送はチャーター便が増える

物流センターから店舗に運ぶ方法には、大きく2つあります。路線便などを使って店舗に直送する方法と、トラックをチャーターして複数店舗分配送する方法です。

これまでは、一部の業種で例外はありますが、ほとんどのケースは路線便を使って店舗に直送していました。チャーターしようとしても毎日配送で1店舗に届ける量が少なく、1日で納品できる店舗数も限りがあるので、1車満載にすることができません。また、路線便のほうがコストが安かったからです。路線便は、地域ごとで沢山の荷物があるので、大きな意味で共同物流をしているので、コストが安く抑えられるのです。

しかし、最近の小売チェーン店の傾向として、路線便からトラックチャーターによる納品に変わってきました。その一番大きな理由は、定時納品です。今チェーンストアでは、人件費を少しでも抑えるために、納品時間をできるだけ決められた時間にして、棚入れのスケジュールを決め、その人件費を抑えようとしています。また、定時納品によって売れる時間より前に商品を棚入れすることで、欠品の機会損失を抑えようとしています。

路線便だと時間が前後したり、もし遅れた時のペナルティーを課したりもできないので、ルート配送ができる運送会社に、定時配送を守らせて納品させるようになってきました。さらに、1車の効率を上げるために、毎日納品でなく、週数回の納品にして、コストを下げる努力もできるようになりました。

かつてトイザらスの物流センターを見て驚きました。1店舗の納品量がトラック1車分になるまで、納品物を溜めてから、出庫していました。これなら、物流コストは大幅に削減できます。

また、路線便からトラックチャーターになってきた理由は、店舗内での作業の効率を図るために、カテゴリー別や店舗レイアウト別や店舗通路別に分けて、納品をする店舗チェーンが増えたことにもあります。

カテゴリー別に分けた折りコンで運んだり、通路別に分けて6輪台車で運んだり、量や商品特性に応じて運び方を選択して、納めるようになったので、路線便では対応できなくなったのです。

フルライン化を進める食品卸

今、食品卸では、生鮮食品も含めた物流のフルライン化が進んでいます。これまでは、加工食品（温度管理を必要としない食品）を取り扱っていましたが、クライアントである食品スーパーや外食チェーンの物流効率化のために、または囲い込みのために、これまで消極的だった温度管理を必要とするチルドや冷凍食品や生鮮食品の物流も行うようになりました。

３００年の歴史を誇る食品・酒類の総合問屋の国分や、近年、菱食・明治屋商事・サンエスなどが統合して食品卸業界1位になった三菱食品が、フルライン化に力を入れています。

このフルライン化の流れは、大手商品卸だけでなく、料飲店向けの酒類卸（業務用酒販店）でも起こっており、小規模飲食チェーン店への納品も3温度帯のトラックで納品する企業が増えています。

アパレルチェーンの物流の取り組み

アパレルチェーン店では、自社で商品を生産するＳＰＡ化が進み、生産から自社店舗への納品も一括して行う企業が増えています。しまむらでは、「直流」という物流の方法を増やしています。これは、海外で商品検品と店舗別仕分けを終わらせて、日本の物流センターに納品し、ケース別に仕分けして店舗に納品するという方法です。比率は、約35・3％（２０１７年2月期）でしたが、数年後には、50％を目指しているそうです。直流は物流コストを下げる効果があり、比率が20％上がれば、粗利が1％上がるそうです。

アパレルの生産地は海外が増えており、また商品の検品は労働集約なので、海外で検品をしています。これまでは中国での生産が多かったのですが、最近はベトナムやミャンマー、バングラデシュなどでも行われるようになってきています。先日もベトナムの検品センターを視察しましたが、多くの若い女性がテキパキと検品している姿を見て、その人件費を聞くと、中国から他国への検品作業の移管が進むと感じました。

また、日本に輸出をする際には、ＳＣＭラベル（Shipping Carton Marking Label, 出荷ケースごとのラベル）を発行するのが一般的です。例えば青山商事では、生産者が出荷する際には、ＳＣＭラベルを貼ってもらい、日本国内に入った際には、そのラベルについたバーコードをスキャンすることで、店舗配送を簡便にしています。

買い物難民への対応

先ほども説明しましたが、日本人の高齢化が進み、食品を買いに行くのが困難な人が増えています。これらの人を「買い物難民」または「買い物弱者」と言います。また最近では農林水産政策研究所が「店舗（生鮮食料品小売業、百貨店、総合スーパー、食料品スーパー、コンビニ）まで５００メートル以上、65歳以上の高齢者で自動車利用が困難な人口」を、「食料品アクセス困難人口」として新たに定義し、「平成27年国勢調査」（２０１５年）から約８２５万人と推計しているそうです。これらの人を取り込もうと、リアル店舗では、ネットスーパーや宅配サービス、移動販売や小型店化を進めています。

小型店化は、これまでに出せなかったところに出店できるようコンビニより少し大きな店舗を出店しています。例えば、「まいばすけっと」（イオングループ）やマルエツプチがあります。これらは、都心部に出店しています。

移動販売は、車体を改良して冷凍・冷蔵の商品を販売できるようにした自動車を、過疎地域や高齢者の多い集合住宅団地などふだんの買い物に不自由する場所に定期的に走らせて、食料品などを販売します。コンビニのセブン-イレブン、ローソン、ファミリーマート、デイリーヤマザキ、スーパーではイオン、イトーヨーカドーなどが車両を開発して、徐々に展開をしています。また、とくし丸（オイシックス・ラ・大地の子会社）のように、移動販売のノウハウを開発、地元スーパーと連携して展開する事例も増えています。

リアル店舗による宅配サービスは、宅配サービスの例を挙げると、マクドナルドのハンバーガーの宅配や、セブンミール、カクヤスのお酒など飲料の宅配などがあります。

配達料金を取るか取らないかが争点になりがちですが、セブンミールおよびカクヤスは、それぞれ200円と100円の配達料を無料にして、顧客数が増えたそうです。セブンミールが1食500円から、カクヤスが1円から（ミネラルウォーター1本でも）、無料で宅配するのです。セブンミールが実験的に無料にした杉並区では、顧客数が3倍になったそうです。宅配などは配達ネットワークの密度が上がれば上がるほど効率が上がり低コストでお届けができるようになるので、無料化は勝ち残るサービスに必須となるでしょう。

次にネットスーパーですが、先の宅配サービスと混同しそうになるほど、境界線になるような定義づけができません。ネットスーパーは、イトーヨーカドー（イトーヨーカドーネットスーパー）やイオングループ（イオンネットスーパー）、西友（楽天西友ネットスーパー）、エイチ・ツー・オーリテイリング（阪急キッチンエール）、ライフコーポレーション（ライフネットスーパー）など実店舗をもつスーパーが展開するもののほか、ネット専業のアマゾンジャパン（アマゾンフレッシュ）も参入、さらにはセブン＆アイ・ホールディングスと食品・日用品ECの「ＬＯＨＡＣＯ（ロハコ）」を運営するアスクルとが業務提携し展開する（ＩＹフレッシュ）ものもあり、にわかに競争が激しくなっています。

ネットスーパーは、重たい荷物を持つのが辛くなった高齢者や、子育てで買い物に不便を感じる女性に主な顧客になります。先に書いた宅配サービスと違い、配達料無料のところは、キャンペーンや「〇千円以上無料」を除き、出てきていません。それは、セブンミールやカクヤスが自社の従業員を使っているのと違い、ネットスーパーは、軽貨物業者を使ったり、宅配会社を使ったり、物流センターを設置して委託したりして、自前での配送をしていないからです。

今後は、いかに自前での配達を行うかがポイントになってくると、筆者は見ています。一方、一部の宅配会社自身が、荷主と競合してまでも、ネットスーパーや商品販売&宅配を行う可能性もあるかもしれません。

4—ネット専業など直販会社の物流

通販物流のミッション（目的）

リアル店舗を持つ小売業の物流は、店頭での欠品をなくすのが、最大のミッションだと書きました。ネット専業など通販（直販）は店舗を持っていませんし、買われるタイミング（消費者がほしいタイミング）がわかりませんから、売れたらすぐ補充する体制が不可欠です。では、なにが通販物流のミッションなのでしょうか?

通販（直販）物流の目的は、

①お客様がほしい商品をほしい時に間に合うように届ける

②お客様が感激するように届ける

③お客様が安く購入できるようにコストを最小化するです。

順番に解説しましょう。

①お客様がほしい商品をほしい時に間に合うように届ける

ここでも最重要視すべきは、「①お客様がほしい商品をほしい時に間に合うように届ける」ことです。これは、通販物流にとっての基本機能で、必要不可欠な機能です。例えば、注文した商品と違った商品を送ったり、依頼された日程に届かなかったりしたら、即クレームです。だから、基本機能です。

ただし、よく勘違いする人がいるのですが、早く届けたらいいということはありません。あくまでもお客さまが届けてほしい時間に、正確に届けることが重要です。平日は受け取れないから土曜日午前指定での配達をお願いしているのに、前日の金曜日に届けてはいけません。配送業者によっては、すぐに再配達してくれないので、不在票を見る時間が遅ければ、土曜日の午前に受け取れないこともありえます。そうなれば大クレームですし、二度と買わないでしょう。

②お客様が感激するように届ける

物流はお客様との最終接点です。ここでの印象で、お客様の満足度を下げることも上げることもあります。もちろん満足を上げたいですよね。だから、お客様満足を高めるのが目的です。

筆者がこの原稿を入力しているMac Book Airは、銀座のアップルストアで購入したものですが、その際に、店員さんは手際よく商品を開ける準備をして、箱を開ける時になって、「お客様の手で開けてください」と言われました。自分自身で開けた時、とても感激したことを覚えています。その時に、わざわざ開けさせた意味がわかりましたし、1年経つ今でも、その喜びを覚えています。

例えば、このようなことを物流で行うことは可能なのです。

単純に届けるだけでなく、お客様の感激するようにお届けすることは可能です。実際の例で言うと、パソコンを扱う通販会社で、アップルの箱には、さらに段ボールで梱包していました。「アップルの箱も商品なんです。だから汚れてはいけないんです」と。

もし、さきほどの店舗のような演出をしたり、アップルの箱の外側の梱包をほどいて、そのダンボールを持ち帰ったりしたら、お客様の感激を生むことができるでしょう。

また、お客様の潜在ニーズに対応するだけが、感激を生む物流ではありません。「お客様の物流ニーズを実現する」ことも感激を生みます。

第4章で紹介するアスクルでは、ＥＣＯ‐ＴＵＲＮ配送というサービスを行っています。梱包する箱や紙をゼロにして持ち帰るサービスです。プラスチック製の折りコン（通い箱）や不織布製のリターナブルバッグ（通い袋）を使って配送します。これなら、余計なゴミも出ませんし、箱を潰したりする手間もなくなります。

家に上がって家具を運ぶドライバーの靴下が綺麗なのがよいという声で生まれたドライバーが靴下を履き替えるサービスも「お客さまニーズ」に応えようとする同じ考えです。ファンケルの「置き場所指定お届け」も素晴らしいサービスです。メーターボックスや自転車のカゴの中とか指定をしておけば、そこに配達してくれるのです。本サービスは２０１９年４月より日本郵便の「指定場所ダイレクト」に、一部サービス内容変更のうえ移行されました。

③お客様が安く購入できるようにコストを最小化する

最後にコストです。店舗の場合だと、物流センターの運営費用はセンターフィーを仕入先からもらうため、黒字で運営しています。それで利益を出しているチェーン店もあるという話がでるほどです。しかし、通販は、お客様から配送料をいただいてコストに充てたり、粗利からコストを出したりしています。だから、その費用を最小化することは重要なミッションです。

フルフィルメントセンター（物流センター）

「お客様がほしい商品をほしい時に間に合うように届ける」ために、物流センターは重要な機能を果たします。通販の物流センターでは、全品の在庫をしているように思われますが、決して在庫をする必要はありません。

うまくハンドリングしている通販会社では、受注発注をしてお届けしているところもあります。それだと、即日発送ができませんが、決してお客様は、即日発送を望んでいるわけではありません。即日発送は、たまたま翌日にほしいというお客様には有難いサービスなのです。

物流センターで最重要の要素は、正確な商品（アイテム、数）を正確に届けるための機能です。

それを実現させるために、ＫＰＩの最上段に誤出荷率を持ってくるのです。それは、数の間違い、商品の間違い、送り先の間違い、お届け日時の間違いの４つに分類でき、それらを潰していくのです。目標として、１オーダー単位で１００ｐｐｍ（ｐｐｍは１００万分の

1）を目標にしますが、優秀な通販物流の会社では、50ｐｐｍを実現しています。アイテム単位では50ｐｐｍは比較的簡単ですが、数段難しい数字になるオーダー単位での実現です。アメリカのある通販物流会社では99・7％の確率で正しく届けることを自慢していましたが、日本ではありえないほど悪い数字です。

物流センターをフルフィルメントセンターと呼ぶことがあります。それは、物流だけでなく、商品撮影やコンタクトセンターや返品処理など注文以降のサポートをしているので、フルフィルメントセンターと言います。

このようなセンターは、どこに設置すればいいのでしょうか？　私は東京が一番いいと考えています。なぜなら、大消費地の東京は、物が各地方からやってきます。その時にトラックに乗せてきます。そのトラックの帰りには、荷台に荷物がゼロで帰っていきます。空気だけを運んで帰っているのです。だから、そこに商品を載せるほうが、安く運べます。

またファッション系やネット通販会社は、東京を拠点にしている会社がほとんどです。そのため、バイヤーは当然東京に多くいます。彼ら彼女らは、現物の商品が新商品展示会で見たものと同じかを確認したいという気持ちがあります。バイヤーが物流センターに行くのも物流なので、その距離も短いほうがコストが安く済むというのも、東京に物流拠点があったほうがいいという理由の1つです。

ただ、東日本大震災の経験で、多くの企業が、複数拠点の重要性を感じました。これに関して、筆者は違和感を感じています。なぜなら数が多ければ、地震の被害を受ける確率も増えます。1つの拠点で、震災対応を万全にしたほうがいいのではないかというのが筆者の意見です。

複数在庫を前提とした複数拠点は、日常の物流コストや在庫金額もアップしますから、よほどの規模にならない限りオススメしません。複数拠点がいい場合は、アマゾンのように規模が大きくなった時と、生鮮野菜のように、鮮度が重要視される時、そして、当日配送などスピードを売りにしたい時、高くなっている宅配運賃を抑えたい時でしょう。

よくB2B（企業から企業への取引）とB2C（企業から一般消費者への取引）の物流を1カ所で行ってもよいかと質問を受けます。生産性が高い（コストの低い）と言われるアメリカの通販物流はベンチャーを中心に専門会社に委託するのが一般的です。店舗物流と通販物流はそれぞれ専門の物流会社に依頼するのが高い生産性と専門性を実現するコツのようです。

宅配

通販会社の多くは、配送に宅配便を使います。よく「宅急便」と言いますが、宅急便はヤマト運輸の登録商標です。

昔は、方面別に会社を使い分けていました。例えば中国地方はこの会社、北陸はこの会社、東北はこの会社と分けて発送する方法です。地域別に地場の会社があり、コストも安くできたのでそうしていました。方面別なので、大手の通販会社の物流センターに行くと、運送会社別に出荷バースを分けていました。

今は、代引サービスなど地場の運送会社ではできないサービスが一般的になり、また1社にまとめたほうがシステムや伝票などがシンプルにでき、量をまとめてコストを安くできるので、1社に絞る会社が増えました。

また、B2B（企業から企業への取引）の配達をメインにしている会社はB2C（企業から一般消費者への取引）の配達は苦手です。身だしなみや挨拶のようなサービスの基本になるところも企業相手と個人相手とでは若干違います。企業に行くときの元気な配達員の配達を、個人宅でやるのは違和感があります。また、住宅地と工場地帯とは場所が違いますし、個人への配達は不在がちで持ち帰りが増えるので配達回数も違います。2017年には「再配達」問題（宅配便全体のうち、約2割が再配達になり、配達ドライバーの労働環境悪化につながっている）が話題になりました。B2Cの場合は、配送状況がリアルタイムに確認できるクロネコメンバーズやウケトルなどのスマホアプリを活用できる会社を使うのが賢明です。

日本では2強だと言われています。ヤマト運輸のクロネコヤマトの宅急便と、佐川急便の飛脚便です。ほとんどの通販企業では、どちらを使うかを考えて決めていましたが、2017年のヤマトショックでリスクヘッジのため、日本郵便を加えた3社の複数利用が急増しています。

この3社では、代引サービスも行っており、今では宅配よりも代引で利益を出しています。また当日サービスも公式・非公式で行っています。

宅配便に頼らない宅配をしている企業もあります。生協のパルシステムやオイシックス・ラ・大地が提供する大地を守る会などの生鮮野菜を個人宅に届けている会社です。これらの物流については、次に説明します。

ネットスーパーや食材宅配の直販

食品をお届けする宅配サービスを、オイシックス・ラ・大地（Oisix、大地を守る会、らでぃっしゅぼーやなどのサービスを展開）、パルシステムや、ネットスーパー各社が行っています。

その魁となる「大地を守る会」は、1975年に、「農薬公害の完全追放と安全な農畜産物の安定供給」を目指す市民運動として、食材の販売を始め、1985年に宅配を開始しました。1988年に、「らでぃっしゅぼーや」は、環境NPO「日本リサイクル運動市民の会」が大地を守る会と提携して始まりました。この2つの宅配サービスは、市民運動から始まったこともあり、食品の安全や環境に対する取り組みには、こだわりや力の入り方が感じられます。現在、この2社と、後で述べるOisixが経営統合して生まれた、オイシックス・ラ・大地がこれら3社が経営統合前から行っていたサービスを提供しています。また、生協が始めた食材宅配として、パルシステムなどがあります。

これらのサービスは、基本的に宅配便を使わず、チャーター車で毎週決まった曜日に各家庭に宅配し、届けた時にカタログと注文票を渡し、注文をしてもらいます。これだけでなく、インターネットと宅配を使ったサービスも開始していますが、メインビジネスは、週1回お届けのサービスです。

インターネットと宅配を使ったサービスでは、Oisixが一番進んでいます。インターネット革命と叫ばれた2000年に発足し、宅配で届けています。隔週配達や毎週配達、注文後当日や翌日配達など、インターネットを駆使し、パソコンはもちろんのこと、携帯でもスマホでも注文やキャンセルや変更ができる便利さを兼ね備えています。もちろん、食材の安全についても重要視しています。

さらに、最近ネットスーパーが増えてきました。老舗としては、阪急キッチンエールが2002年の会社設立で、2009年には関西で会員3・5万人、売上67億円に達しています（現阪急キッチンエール関西）。阪急キッチンエールは、物流センターを持ち、そこでピッキングして届ける方法を取っています。

他のネットスーパーでは、イオン、イトーヨーカドー、ライフやマルエツなども参入しています。また最近ではEC専業によるネットスーパー事業も登場しました（アマゾンジャパン「アマゾンフレッシュ」、楽天「楽天西友ネットスーパー」（西友との合同事業）、アスクル「IYフレッシュ」（セブン&アイ・ホールディングスと「LOHACO」の協業）。

物流の面について説明しましょう。チャーター車を使った配送では、デポ（小型の配送拠点）を設ける場合もありますが、ルートを組んで個人宅に宅配し、不在時では決められた場所に置いてくるサービスで、在宅でなければいけないという制約を不要にしています。

各店舗から配達する場合は、軽車両を使う場合が多いです。この軽車両は、個人事業主が軽自動車を持ち込む場合や、企業が多数を保有する場合があります。1件ごとでなく1日や半日での契約のため、一定量の受注がないと配達のコストはかなり割高になります。また急な悪天候などで受注が多くなった際の対応にも課題が残ります。

個人宅への配達においては、その家の人と顔を合わせるわけですから、十分な教育が必要です。宅配便の場合、この教育は常にされていますが、チャーター車や軽車両の場合は、そうではありません。この大事な顧客接点の際に不快な思いをさせると、先の受注にも悪影響があるので、ドライバー教育には気を使うべきでしょう。

送料無料のキャンペーン

アメリカの調査で、オンラインで商品を買わない理由は、36％が配送料だという結果があります。

クリスマス商戦では、「送料無料」という文字を大きく出したキャンペーンで成功したネットショップが多いです。ただ、単純に送料無料にすると、赤字になりますので、しきい値（最低金額）を設けて、送料無料にしている場合が大半です。

これもアメリカの民間会社が２０１７年７月に調査したところ、サイト全体の57・４％は送料無料記載しているそうです。その中で25ドル未満は28・４％もあり、過去には想像できない数字です。２００７年の文献を見ると、75ドルか１２５ドルが主流だと書いていますから、送料無料の最低購入金額は、大きく下がっていることがわかります。

日本では、ヤマトショックに始まる宅配クライシスで、運賃が急激に引き上げられましたから、この最低購入金額（しきい値）を上げる会社と、運賃一律課金を設定する会社がでてきました。どちらが正解かと言うと、運賃一律で課金した会社が全般的に調子が悪いことを見ると、「送料無料」の旗を下げずにしきい値を上げた会社に軍配が上がっています。

この最低購入金額（しきい値）は、客単価を上げる効果があります。あるショップで平均購入点数が8点という数字を見てびっくりしたことがあります。それは、最低金額に達するには、8点くらい買わないといけなかったので、無理をしてでも買う顧客が多かったのです。しきい値を工夫して平均単価を上げることは可能ですし、逆に平均単価を下げてしまう可能性もあります。

先ほど、セブンミールとカクヤスが送料無料にして顧客が増えたことを説明しました。セブンミールの場合は、具体的な数字もあり、顧客数が3倍になったそうです。

このように、送料無料というのは、オンラインで買わない理由の36%が送料だということからも、オンラインまたは宅配で購入させる刺激策だと思います。ただ、最低金額を設定せずに毎回送料無料にすると赤字になってしまうでしょうから、送料無料は「キャンペーン」

だと割りきって、販促費という経費にして考えるのが得策です。たとえば、ネットスーパーに登録してもらうために、高い出費をして店頭キャンペーンをすることを思うと、送料無料キャンペーンで、通常300円を無料にしたほうが、格段に1会員の獲得コストが下がるはずです。ネットスーパーは、今は導入期ですから、まず使ってもらい、自社のネットスーパーの仕組みに慣れてもらうことを優先するタイミングでしょう。だからこそ、送料無料キャンペーンをやるべきなのです。

また、ネットショップでは、まず使ってもらうために、人気のある小さく軽い商品だけを送料無料にすることは1つの手法です。全商品であれば、重量や容積の関係で、送料負担が大きいものが出るかもしれませんが、小さく軽いものであれば、宅配便でなく、圧倒的に送料が安いポスト投函型のメール便でも送れるからです。

再配達ブルー

2017年の宅配クライシスの時に、いかに再配達が不条理で、宅配ドライバーさんを苦しめているのかを世の中の人が知ることになりました。私もそうですが、うまく受け取れずに再配達になってしまうと、「申し訳ない」とゆううつになってしまいます。「再配達ブルー」とでも呼べるような気持ちになります。結果、ネット通販で買わないという人や、ヤマト運輸などの宅配会社を使わないという人まで出始めました。

5―モバイルの激震

リビングでショッピング

日本より3年以上進んでいると言われているアメリカの流通ですが、モバイルについては、日本が先行していました。携帯電話を使ったコマースは、日本で進化していました。これは日本人は指が細いからだとか手先が器用だからだとか諸説言われていました。

しかし、アップル社が、iPhoneやiPadを発表し、多くの人を魅了していくと、他のメーカーが、iPhoneを真似してスマートフォンを発表しました。アメリカのニールセンの調査によると、2012年6月の時点で、携帯電話を持つ人の54・9%がスマートフォンを持っている（フィーチャーフォンは41%）という結果で、スマホの保有はガラケーを抜きました。日本においても、2013年あたりから、スマートフォン（略してスマホ）の保有率（39・1%）が、携帯電話（フィーチャーフォンまたはガラケー）の保有率（38・9%）を超すようになりました（平成25年「通信利用動向調査」総務省）。

アメリカでは、単一商品としてのｉＰｈｏｎｅの普及台数は圧倒的です。ｉＰｈｏｎｅは他のスマホより利用者の所得が高く、客単価も高いそうです。２０１６年にはｉＰｈｏｎｅの全米のユーザー数が８５００万人を超えました（「2017 U. S. Cross-Platform Future inFocus」Comscore 調べ）。アメリカの投資銀行パイパー・ジャフレーの調査（２０１９年春）によれば、10代の若者の83％がｉＰｈｏｎｅを所有しているそうです。

また、ｉＰａｄの普及により一気に利用率が高まったタブレットも、モバイル端末としての利用が進んでいます。２０１７年時点でタブレットの利用率は50％近くになっています（Consumer Barometer with Google によれば、46％）。

アメリカ人は、ｉＰａｄをどう使っているかというと、常にリビングルームに置いていて、気になることがあれば、それで調べるのだそうです。リビングルームで調べるのは用語だけではありません。コマーシャルで気になった商品を調べて購入するということもあるのです。

少し前の調査になりますが、実際に、どこでスマホやタブレットを使って購入するかという調査結果があります。このデータによれば、56％が家で購入しているのです。

２０１６年以降、タブレットの出荷台数は低迷が続いているようですが、その代わりとな

モバイルコマースでの購入場所（複数回答可）

56%　家で
42%　外出先で
42%　仕事中
37%　旅行中
36%　店舗で

（出所）アメリカのCom Store調査

るような新しい便利なIT機器（スマートTV、スマートウォッチ、アマゾン・エコーのようなAIスピーカーなど）の利用が増えており、リビングやキッチンからのショッピングはますます拡大しています。

リアル店舗のショールーム化

モバイルコマースでの購入場所の図表をもう一度見てください。この中で、「店舗で」と回答した人が36％いました。リアル店舗に行って、商品を見て比較して、場合によっては商品説明を店員から聞き、買いたいものを見つけると、バーコードスキャンして、その商品をネットショップで買うのです。これは、店舗よりオンラインのほうが安いのではないかと思われているからです。

日本でも同じことが起こっています。例えば、大型家電量販店で、顧客が店員に価格比較のサイトを見せて交渉する姿を見かけます。簡単に商品価格を調べることができ、またポイント還元を換算しても店頭より安い場合が多いため、そのようなことが起こります。現実的には、並行輸入品であったり、在庫処分業者ルートや倒産品ルートだったりしたり、商品入手に時間がかかったりすることもあり、すべてが良品で安いとは限りません。

このため、自社よりもネット上で安く売られていることに不満を持つアメリカの大型流通チェーン店では、卸やメーカーに、安く流さないようにお願いするところも出てきました。仕入れ量（販売金額）が圧倒的な会社は、仕入れ価格が安くないとおかしいという理論です。このようにベンダーにお願いするところがでるほど、このショールーム化には、アメリカの流通業者は頭を痛めています。

また逆に、これを止めることができないから、利用しようという動きが出てきました。以前は「店内でバーコードスキャンをしないで！」と言っていた店舗でも、バーコードスキャンを推奨し始めているのです。

店内でのバーコードスキャンを制限するのでなく、利用させて、購入させるという考え方が出てきています。

実際に、ウォルマートでは、店内でのスキャンをさせています。スマホ用のアプリには、バーコードをスキャンして、価格チェックや詳細検索ができるようになっています。他のチェーンも同様の機能があったり、オーストラリアのウールワースのように、家で足りなく

ウォルマートのスマホアプリ画面

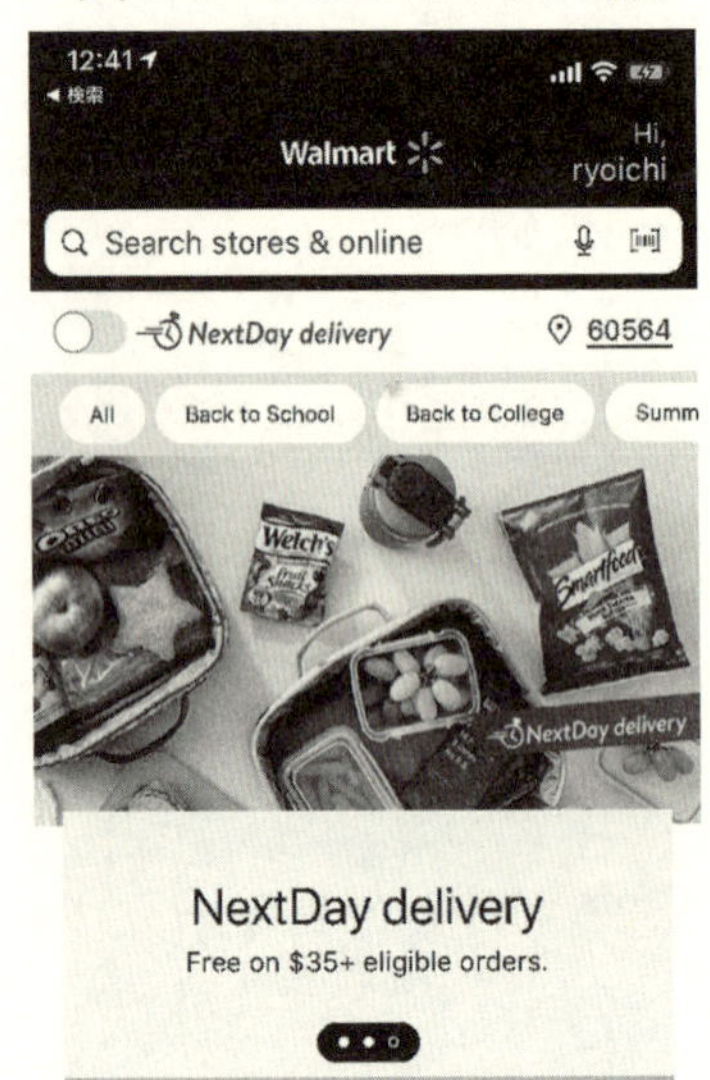

なってきたら、商品のバーコードを読んでネットスーパーに発注できるスマホアプリを提供したりしています。

店内でバーコードをスキャンする人の中には、アマゾンなどネット通販で購入する人もいるでしょうが、それを止めることができないので、それを受け入れつつ、自社アプリやショップキックのようなサービスを導入して、自社売上が上がるよう努力しています。

これには、価格がネットより安いことが前提になるでしょう。日本の家電量販店ではネットより安くするのは無理と諦めてしまっているところもあるようですが、サプライヤーやメーカーとの交渉や、自社の販管費の徹底した低減で、なんとか実現してほしいと秋葉原に住む筆者は思っています。

ネットからのリアル進出

ＥＣ発のオムニチャネルへの動きとして注目されているのが、在庫を置かない店舗の活用です。店舗で実物にふれたり、体験したりすることはできますが、商品そのものは後日、宅配便で受け取るという仕組みです。あくまでもネット通販からの購入が主軸であり、リアル店舗には商品在庫がありません。在庫のためにスペースを割く必要もなく、店舗運営コストを抑えることもできます。

その代表的な成功例を見ていきましょう。

２０１０年、アメリカで開設したメガネ通販サイト「ワービーパーカー」は、廉価ながらデザイン性の高いメガネを自社生産し、成長してきました。企業価値が10億ドル（約１０００億円）以上の未上場ベンチャーを「ユニコーン」と言いますが、ワービーパーカーもその１社に数えられている人気のメガネブランドです。

同社はネット通販からスタートしましたが、２０１３年にはニューヨークに実店舗をオープンしました。しかし、その店舗は店頭販売を目的とするものではなく、「ショールーム」という位置づけで、主力はあくまでもネット通販です。店頭で商品を触って使い心地などを試してからネット通販で購入する「ショールーミング」の自社完結版という試みです。現在、アメリカとカナダに、約60店舗を展開しています。

2017年にウォルマートが買収したことでも知られる、男性向けアパレル通販「ボノボス」も、ニューヨーク、シカゴ、サンフランシスコなどにリアル店舗「ボノボスガイドショップ」を展開しています。ガイドショップという名前からも想像がつくように〝試着専門店〟です。「試着したら買わなければいけない」というプレッシャーを感じることなく、思う存分に試着をすることができ、人気を集めています。

これまでのアパレル店舗では、ある程度の余剰を見込み、店頭には相当量の在庫を持っていました。しかしボノボスの場合は、店頭在庫が少なくて済み、店舗スペースを顧客の体験のための空間として活用することができます。その結果、コストを抑えた店舗運営ができ、好立地への出店も可能になります。現にニューヨークに5店舗、シカゴに4店舗を出店するなど、全米で50店舗近くを展開しています。

アマゾンでも、アメリカではリアル店舗の世界への進出を始めています。

代表的なものでいえば、レジのないコンビニ型実店舗「Amazon Go（アマゾン・ゴー）」、生鮮宅配サービス、アマゾンフレッシュのアメリカでの受け取り拠点として利用できる店舗「Amazon Fresh Pickup（アマゾンフレッシュピックアップ）」、書店である「Amazon Books（アマゾンブックス）」があります。

私は「アマゾン・ゴー」をたびたび訪れ、2018年1月にシアトルで一般客向けにオープンした1号店では実際に買い物を体験してきました。

店内に「NO LINE（レジ待ちなし）」と掲示されているとおり、ランチタイムや出勤時間帯に発生するレジ待ちは一切ありません。「good food fast」（その場でおいしいもの）、「fresh made」（つくりたて）、「meal kit」（簡単に調理できる料理セット）と書かれた案内ボードがあり、店内では「アマゾン・ゴー」の名前入りエプロンを付けたスタッフがデリカテッセンをせっせとつくっていました。ここまでであれば普通のコンビニとあまり見た目は変わりませんが、店内をよく見ていくと、至る所にセンサーカメラが設置され、端々で先端のテクノロジーの香りを感じ取ることができます。

この「アマゾン・ゴー」をアマゾンが展開するねらいについて、「アマゾンのコンビニ進出」といった論調が多く見られましたが、私は「決済の新しい仕組みとしてシステム販売をしていくのではないか」という見方をしています。

2019年8月時点でシアトル3店舗、シカゴ4店舗、サンフランシスコ1店舗、ニューヨーク2店舗あり、そのうち角井は8店舗に行きましたが、利用者は限られていました。アプリインストールのハードルが高いと分析しています。

アマゾンフレッシュピックアップでは、専用アプリで生鮮品を購入した後、専用駐車場スペースに行くと、注文から最短15分で商品を受け取ることができます。アマゾンフレッシュプライム会員であれば、取りに行くわけですから1品の購入から送料はかかりません。

現在、営業している2つの店舗はいずれも、生活幹線道路沿いにあり、車の運転に慣れていない人でも出入りしやすい交差点に近い立地にあります。店舗＝ピッキング倉庫の面積は300坪。通常のスーパーではありえない大型のトレーラーが接続できるドックがあります。さすが、物流を重視するアマゾンです。この店舗の中の倉庫部分で、購入商品をピッキングし、梱包し、お客様への受け渡しを行うわけです。

また、このアマゾンフレッシュピックアップは、アマゾンフレッシュの受け渡し拠点であるだけでなく、配送拠点としても機能しています。

アメリカではグローサリーECは店舗受け取りを希望するユーザーが多いというデータが

あります。アマゾンフレッシュピックアップは、アマゾンフレッシュを補完するサービスですが、グローサリー分野のシェアを奪うために欠かせないサービスと位置付けていると考えられます。

そのことをより鮮明にしたのが、アメリカ、カナダ、イギリスに460店舗を超える実店舗を有する、自然および有機食品のスーパー Whole Foods Market（ホールフーズ・マーケット）の買収です。すでにホールフーズ・マーケットの店舗は、アマゾンフレッシュの受け取り拠点としても活用されています。

3番目のアマゾンブックスは書店です。アマゾンの購買データから注目の書籍がピックアップされ、販売価格を調べるにはPOPにつけられたバーコードをスマホアプリで読み取るか、店内に設置されたキオスク端末から確認する必要があります。その際には必ず2種類の価格が表示され、しかもこの2つにはびっくりするほどの価格差があります。ひとつがプライム会員用のもので、もうひとつがメンバー以外の人用の価格です。

私がシアトルのアマゾンブックスを訪れたときに、もっとも目立つ位置に置かれていた「Zero to One」の場合、プライム会員が「17・32ドル」に対し、メンバー以外はなんと10ドル以上も高い「28・00ドル」となっていました。もっとも、チェックアウト時に「プライム会員の無料トライアルをやってみる」と告げれば、会員価格で購入できますから、わざわざプライム会員以外用の価格で購入していく人はいないと思います。ですから、このアマゾンブックスは、ふだんあまりパソコンやスマホを利用しない人にプライム会員サービスを体験してもらうための入り口だと考えられるでしょう。

さて、日本とアメリカでは、さまざまな点で置かれている経済環境が異なります。その意味で、これらのリアル店舗がいますぐ日本に入ってくることはないと思いますが、実は、ポップアップストア（期間限定ショップ）として、日本でもアマゾンのリアル店舗はたびたび展開されています。

2014年のクリスマス限定ショップが最初で、その後は、アマゾンが1年に1度開催するビッグセール「アマゾンプライムデー」に限定したリアル店舗を出店しています。これらは、主にセールの盛り上げと、アマゾンのサービスを試してもらうことを狙いとしています。

第4章　先進的な物流の取り組み

本章では、これまでも紹介してきた会社も含め、先進的な物流の取り組みをしている最前線を紹介します。単なるケース紹介ではなく、著者ができるだけ現地に足を運び、直接体験・取材してきた情報を、自分なりに解釈して解説するものです。

1―アマゾン（フレッシュ、ロボティクス）

アマゾンの勢いにはいっこうに衰えが見えません。

２０１８年度の業績を見ると、ＡＷＳ（アマゾン・ウェブ・サービス）を含む全社の売上は対前年比31％増の２３２８億ドル（約25兆６０００億円。１ドル＝１１０円換算）、営業利益は前年約３倍の１２４億ドル（約１兆３６００億円）を稼ぎ出しました。部門別売上高はオンラインストア（実店舗、マーケットプレイスの手数料、定額制サービス含まず）が約1220億ドル（対前年比13・5％増。約13兆5000億円）、AWSが約256億ドル（対前年比46・9％増。約2兆8000億円）です。

日本企業の売上げでは、トップはトヨタ自動車で、2019年3月期に日本企業として初めて売上高30兆円を超えました。ソフトバンクは3兆7000億円（2019年3月期）、ユニクロやGUを展開するファーストリテイリングは2兆円超（2018年8月期）、楽天が約1兆1000億円（2018年12月期）といった規模です。

ちなみにアマゾンジャパンの売上高は2018年度は138億2900万ドル（1兆5488億円）でした。

世界の小売業の売上高ランキングが、毎年、世界的なコンサルティング会社、デロイトトーマツより発表されていますが、「世界の小売業ランキング2019（2017年度決算）」でアマゾンはついにトップ5入りし、ウォルマート、会員制サービスのコストコ、スーパーマーケットなどを展開するクローガーに次ぐ、第4位にランクされました。しかも、上位ランキングに過去5年の平均成長率が2ケタに届く企業が見当たらない中、アマゾンは18・0％の平均成長率をあげています。ちなみにトップ10入りは2017年のランキングでした。

上位各社では２０１８年度の決算数字が発表されており、ウォルマートの５１４４億ドルは別格として、コストコが１４１０億ドル、クローガーが１２１２億ドルですから、オンラインストア売上げ（約１２２０億ドル）に実店舗売上げ等（約２７０億ドル）を含めて約１５００億ドルとなるアマゾンは、２０２０年のランキングでは第２位にランクアップすることが予想できます。

アマゾンは世界最大のＥＣ企業です。

しかし、それだけの企業ではありません。実は、同社が稼ぎ出す営業利益の内訳を見ると、その半分以上がＡＷＳによるものとわかります。２０１８年度こそ、全社利益の約６割でしたが、２０１７年度は他部門の赤字の穴埋めもしていたため１００％以上の比率になっていました。

シンガポールに本部を置く市場調査会社カナリスが、まとめたレポートによると、２０１８年におけるクラウドコンピューティング・サービスへの世界支出額は、８０４億ドル（約９兆円）でした。そのシェアのナンバーワンはＡＷＳで、31・７％ものシェアを占めています。

2位以下には、マイクロソフトのAzure、グーグルクラウド、アリババクラウド、IBMクラウドと続きますが、これら4社のシェアを合計してやっと33・1%ですから、AWSの強さがわかると思います。

AWSを提供するアマゾンは世界最強のシステム会社でもあるのです。

加えて、アマゾンは研究開発に積極的な会社としても有名です。

アメリカのコンサルタント会社プライスウォーターハウスクーパース(PwC)では、研究開発に多額の費用を投入した世界の上場企業のトップ1000社を「グローバル・イノベーション1000」として発表しています。その2018年調査によると、アマゾンは2年連続のトップで約226億ドル(約2・5兆円)、2位がグーグルの親会社のアルファベットで約166億ドル(約1・8兆円)でした。

アマゾンでは、ここ数年は売上高の10%以上を研究開発に投じており、2018年度は売上高比12・4%の約288億ドル(3兆円超)にのぼっていました。アルファベットの2018年実績は約214億ドル(約2・4兆円)でしたから、アマゾンの3年連続トップは間違いのないところでしょう。

アマゾンには忘れてはいけない、もうひとつの顔があります。

創業者であるジェフ・ベゾスは、「われわれはほぼロジスティクスカンパニーである」と強く語っています。

アマゾンは「地球上でもっともお客様を大切にする企業」。お客様が買いたいものを何でもオンラインで見つけられるようにすることを目標にしています。しかし、それだけで終わりではありません。ほしいものが見つかれば、「すぐにでも手元にほしい」というお客様の声をどうやって実現するか、そのための投資、テクノロジーの開発であれば、採算度外視でも、やり続けるのが、アマゾンだと思います。

その一端を示しているのが、売上全体に占める物流コストの割合、物流費率の推移です。営業ベースで黒字化を達成した2002年ごろには物流費率は10％近くかかっていましたが、2009年までは年々、配送費用（shipping cost）を効率化し、7％程度に引き下げました。ところがそこを境に、配送費、物流費率ともに、再び右肩上がりに転じています。これは、物流の効率化が進んでいないということではなく、それ以上に新たな配送方法にチャレンジし続けていることを意味しています。

2015年には、配送費が100億ドルを超えました（約115億ドル、約1・3兆円）。物流費率も約12％に上昇。2018年の配送費は277億ドル（約3兆円）に達しています。

アマゾンでは、世間をあっと言わせるようなことから、業界のエキスパートをうならせるものまで、毎年のように新しい話題を提供しています。とくにここ数年は、アメリカだけでなく、日本国内でも、数多くのニュースが飛び交っています。

その中から、物流に関わるトピックをあげると次ページの表のようになります。

いま人材の確保は日本中の至るところ、あらゆる業界で喫緊の課題として取り組まれています。とりわけ物流の世界では、配送ドライバーの過重労働をはじめとする労働環境の問題、重量物を扱うことからくる年齢および体力的な問題に、国が推し進める働き方改革、人材確保のためのコスト負担増などもあり、現場の運用環境は年々、厳しくなっています。

アマゾンではこうした課題に対して、どのような取り組みを進めてきているのか、そうした視点から、同社の物流戦略を考えていきたいと思います。

2017年前半から2018年前半にかけて、日本のECビジネスの根幹を揺るがせるような出来事が相次ぎました。2017年3月のサービス残業問題露呈による「ヤマトショック」であり、その後、ほかの宅配事業者の便乗値上げ、遅配問題が発生し、「宅配クライシス」へと広がっていきました。

アマゾンの近年の動向

〈アメリカ〉

2016年12月	無人コンビニ「アマゾン・ゴー」実験店舗をシアトルで公開
2017年5月	アマゾンフレッシュの受取り店舗「アマゾンフレッシュピックアップ」サービス開始
2017年6月	アマゾン初のハブ空港稼働（ケンタッキー州シンシナティ）
2017年8月	天然および有機食品のスーパー Whole Foods Market（ホールフーズ・マーケット）の買収完了
2018年1月	米シアトルで「アマゾン・ゴー」1号店を一般公開（(2019年5月現在、シアトルに3店舗)）
2018年4月	アマゾンプライムの年会費を値上げ。従来の99ドルから、119ドルに
2018年6月	自社の荷物を配送する事業を立ち上げる起業家を支援するプログラム「Delivery Service Partner」を開始
2018年9月	シアトルに続き、シカゴで「アマゾン・ゴー」がオープン（2019年5月現在、シカゴに4店舗）
2019年5月	デリバリーロボット車両「Amazon Scout」のテスト開始
2019年5月	「アマゾン・ゴー」の米ニューヨーク1号店オープン（2019年5月現在、ニューヨークに1店舗）
2019年5月	「Delivery Service Partner」プログラムを拡大、配送業者として独立する従業員に上限1万ドル（約110万円）および3ヶ月分の給与相当額を支給

〈日本〉

2016年12月	「アマゾン川崎 FC（フルフィルメントセンター）」で「アマゾン・ロボティクス」稼働開始
2016年12月	最短1時間以内配送の「Prime Now」（プライムナウ）が東京23区内で利用可能に
2017年4月	プライム会員向けの生鮮食品、日用品の宅配サービス「アマゾンフレッシュ」をスタート（首都圏の一部地域対象）
2017年11月	AI（人工知能）「アレクサ」搭載の音声認識スピーカー「アマゾン・エコー」の販売開始
2019年4月	日本で初めてのアマゾンプライム会費を値上げ。年会費3900円（税込）から、4900円に
2019年4月	個人事業者に宅配委託　新物流サービス（アマゾンフレックス）を開始

アマゾンジャパンは、この真っ只中、2017年4月、プライム会員（当時の年会費は3900円。現在は4900円）向けの生鮮食品、日用品の宅配サービス「アマゾンフレッシュ」を、都内6区を対象にスタートさせました。現在は東京18区2市（世田谷区・目黒区・千代田区・中央区・台東区・墨田区・江東区全域、ならびに渋谷区・品川区・大田区・港区・杉並区・新宿区・文京区・荒川区・足立区・葛飾区・江戸川区・調布市・狛江市の一部）と、神奈川県・千葉県の一部エリアにまで、拡大しています。

月会費500円（税込）、1回の購入が6000円（税込）未満の場合に、500円（税込）のフレッシュ配送料がかかります。

対象商品は17万点以上（そのうち、野菜、果物、鮮魚、精肉、乳製品が約1万6000点以上）。ヤマト運輸など大手宅配会社に依存しない自前の配送システムを構築し、午前8時から深夜0時までの配達に対応、商品の在庫状況によっては最短4時間での配達が可能になるサービスです。

物流拠点は、川崎市の「アマゾン川崎フルフィルメントセンター」で、6温度帯（常温、冷蔵、冷凍、チルドなど）で商品を管理し、品質・鮮度の維持を図っています。実際の配送に関しては、江東区、世田谷区、横浜市にあるプライムナウの配送デポを使用しています。

このアマゾンフレッシュがアメリカでスタートしたのは2007年。それから10年の時を経て、日本に上陸しました。いつ上陸するかについては、かなり以前からその兆候がありましたが、アメリカでは後発サービスだったプライムナウのほうがいち早く日本でサービスを開始しました。

厳しい鮮度管理が求められる生鮮品の配送管理は、「最短1時間以内」という配送スピードを前面に打ち出すプライムナウ以上に、ラストワンマイルのきめ細かなコントロールが必要になります。それまでは配送品質の高い日本の宅配サービスを利用してきたアマゾンですが、アマゾンフレッシュの展開に関しては、それでは顧客を満足させるのに十分な配送体制がとれないと考えていたのでしょう。

そこでまず、大手宅配会社に頼らない配送体制づくりをプライムナウで試みました。その際にカギになるのがアマゾンが「デリバリープロバイダ」と呼んでいる「地域に配送網を持っている小口の配送事業者」です。機動的な配送が要求されるプライムナウを実現するには、ラストワンマイルを極力、短くする必要があります。そのために大消費地の中心となる川崎にFCを設置し、複数の事業者と業務委託契約を結び、配送網を構築、徐々に配送品質を高めていくことにより、アマゾンフレッシュのラストワンマイルを十分担えるだけの体制を整えていったと、私は考えています。

このプライムナウで培った配送体制は、実はアマゾンの宅配クライシスを乗り切る大きな力になりました。

そのことを裏付ける興味深いデータが、再配達問題解決アプリ「ウケトル」から公表されています。ヤマトショック直後の2017年4月と、2018年4月、2019年5月のアマゾンの宅配会社の利用率の変化を示すデータです。

その結果を見ると、アマゾンはヤマト運輸への委託比率を71・37％から49・25％、31・84％に減らし、デリバリープロバイダへの利用を5・03％から20・28％、41・16％に増やしたということがわかりました。この結果が公表されるまでは、日本郵便の利用を大きく増やしたのではないかと推測されていましたが、実際にはデリバリープロバイダへの利用を増やしていたのです。

デリバリープロバイダの扱い量を増やしながら、ある意味、事業者を鍛え、配送品質を高めてきました。アマゾンフレッシュの対象エリアの拡大は、その結果でもあると思います。

日本でアマゾンフレッシュがスタートしたのとほぼ同じころ、アメリカでは同サービスの新たな利用方法が導入されようとしていました。

アマゾンフレッシュの受け取り拠点として利用できる店舗「Amazon Fresh Pickup（アマゾンフレッシュピックアップ）」です。アマゾンフレッシュ専用アプリから商品を購入した後、アマゾンフレッシュピックアップの駐車場スペースに行くと、注文から最短15分で商品を受け取ることができます。1品の購入からフレッシュ配送料は無料です。

２０１７年３月から実証実験が開始されましたが、その直前にこの店舗を視察することができました。

生活幹線道路沿いの、車の運転に慣れていない人でも出入りしやすい交差点に近い立地にあり、店舗＝ピッキング倉庫の面積は３００坪ほどでした。通常のコンビニやスーパーではありえない規模の40フィートコンテナ並みの大きさのトレーラーが接続できるドックがあり、アマゾンが物流を重視していることが一目でわかります。この店舗の中で、注文商品をピッキングし、梱包し、お客さんへの受け渡しを行うわけです。

アマゾンフレッシュピックアップは、アマゾンフレッシュを補完するサービスです。しかし、アメリカではアマゾンフレッシュのようなグローサリーＥＣは店舗受け取りを希望するお客様が多いということからもわかるように、単なる補完サービスではなく、本丸を本気で取りに行く（＝グローサリー分野のシェアを奪う）ために欠かせないサービスと位置付けていると考えられます。

そのことをより鮮明にしたのが、２０１７年8月に手続きを完了した、アメリカ、カナダ、イギリスに４６０店舗を超える実店舗を有する、天然および有機食品のスーパーWhole Foods Market（ホールフーズ・マーケット）の買収です。アマゾンが実店舗を持つホールフーズを傘下に入れたことにより、世界最大の小売企業、ウォルマートとの間のグローサリー分野での戦いの構図が、よりわかりやすくなりました。

アメリカの投資会社Cowen & Companyによる予測では、２０１７年に全米9位の規模だったアマゾンのグローサリーの売上げは２０２１年にはウォルマート、クローガーに次ぐ第3位になるとされていましたが、こうしたアマゾンの動きを踏まえてのものでしょう。

２０１６年12月、アマゾンは日本国内で13番目の物流拠点となった「アマゾン川崎ＦＣ（フルフィルメントセンター）」（神奈川県川崎市／延床面積約4万平方メートル）に、国内では初めて「Amazon Robotics（アマゾン・ロボティクス）」のシステムを導入、その内容を公開しました。

倉庫内を動き回る自走式のロボットは、掃除ロボットを大きくしたような形状で、保管棚の下に入り込み、持ち上げて、出荷する商品を棚ごと運んでくることができます。そのロボットは商品を載せた棚を作業スタッフのもとまで移動させ、スタッフはその場を移動することなく、ピッキングや棚入れが可能になります。作業スタッフの労力が軽減されるほか、入荷した商品の棚入れ時間と顧客の注文商品の棚出し時間の短縮にもつながります。また、このロボットはＡＩ（人工知能）により、移動頻度の高い棚を順次、作業スタッフの近くに配置するように動き、倉庫全体の稼働効率を高めていくことができます。

アマゾンは、２０１２年、ボストンのロボットメーカー、「キバ・システムズ（Kiva Systems）」を、その当時のアマゾンで2番目に大きい投資金額で買収、その後、アマゾン・ロボティクス（Amazon Robotics）に社名を変更し、ロボット開発を進めています。

アマゾンの世界中での１７５のＦＣのうち26カ所でロボットを導入し、10万台の自走式のロボットが稼働しています（２０１９年）。

２０１９年４月、アマゾンでは「アマゾン・ロボティクス」を導入した国内２拠点目の物流拠点となる「アマゾン茨木ＦＣ」（大阪府茨木市／延床面積６万４０００平方メートル）の本格稼働を発表しました。

アマゾン茨木ＦＣには、これまでのものより薄型のロボットでありながら、より重量のある棚を持ち上げることができる最新型の「アマゾン・ロボティクス」が導入されており、さらに豊富な品揃えの確保が可能になると言われています。

ちなみに、川崎FCで導入されたアマゾン・ロボティクスは、重量約145キログラム、積載可能重量約340キログラムのロボットでしたが、茨木FCのものは重量約136キログラム、積載可能重量約567キログラムと小型化されながらも、移動速度（秒速約1・7メートル）は変わらずで、パワーアップされています。

また、2019年秋には、「アマゾン・ロボティクス」を導入したFCが相次いで稼働する予定です。「アマゾン川口FC」（埼玉県川口市／延床面積4万2000平方メートル）が9月、「アマゾン京田辺FC」（京都府京田辺市／延床面積9万6000平方メートル）が10月にそれぞれ稼働を開始します。

この「アマゾン・ロボティクス」の急展開は、それだけ実効をあげているということでしょう。FCへの「アマゾン・ロボティクス」の導入により、効率的な管理可能な在庫量が40％以上も増えたと、同社サイト内に記されています。

「アマゾン茨木FC」の本格稼働が発表されたのとほぼ時期を同じくして、アマゾンジャパンの2つのトピックが明らかになりました。

ひとつは「アマゾンプライム」会費の値上げです。2017年に日本でアマゾンプライムを始めて以来、初めてのことで、年会費は3900円（税込）から4900円、月額プランの会費は100円引き上げて500円になりました。

アマゾンジャパンでは「特典やサービスを提供するためのコストが当初より大幅に増えた」ことを値上げの理由として説明していますが、配送ドライバー等の不足による、配送費の増加も要因になっていると思います。

2つめが「アマゾンフレックス」の開始です。アマゾンフレックスは2015年にアメリカで始まった「個人に宅配を委託する新しい物流の仕組み」ですが、日本では法規制の問題もあり導入されていませんでした。日本では「貨物軽自動車運送業の届け出がされた軽バン（黒ナンバー）を保有している20歳以上を対象」とすることで、その規制をクリアしました。

同社では「地域限定の実証実験を経て始めた」と話していますが、今後も商品を確実に届けていくためには、業者だけでなく個人にも宅配を委託せざるをえない状況になってきていますから、対象地域を拡大していくだろうと、私は考えています。

アメリカのアマゾンでも、事業の成長スピードに合わせた配送能力の強化は大きな課題です。2018年6月から開始した「Delivery Service Partner」プログラムはその解決を図るためのプログラムのひとつです。当初はアマゾンの荷物を配送する事業を立ち上げる起業家を支援する内容（低コストでの、研修やマニュアル等の提供など）でしたが、２０１９年５月、このプログラムを拡大し、自社の従業員が配送業者として独立する場合には上限１万ドル（約１１０万円）までの起業費用と３カ月分の給与相当を支給するという内容を追加しました。

こうした直近の動きからも、アマゾンがいかに物流を大切にしているかがわかると思います。ロジスティクスカンパニーとしてのアマゾンには、まだまだ終わりはありません。

2―アスクル

会社で文具や備品などを切らしたときに、「すぐにでも補充しておきたい」という忙しい総務系部門のニーズに応えるかたちで生まれたアスクル。いまや「（今日注文したばかりなのに）明日には来る」ことが社名の由来になっていることさえ、気づかないほど、同社の法人向け（ＢｔｏＢ）サービス「ＡＳＫＵＬ（アスクル）」は社会に浸透しています。

社名からもわかるように、アスクルは物流戦略志向で事業を展開し、成長を続けてきました。現在、法人向けサービスのＡＳＫＵＬと、一般消費者向けの「ＬＯＨＡＣＯ」（ロハコ）

アスクルのロジスティクス拠点

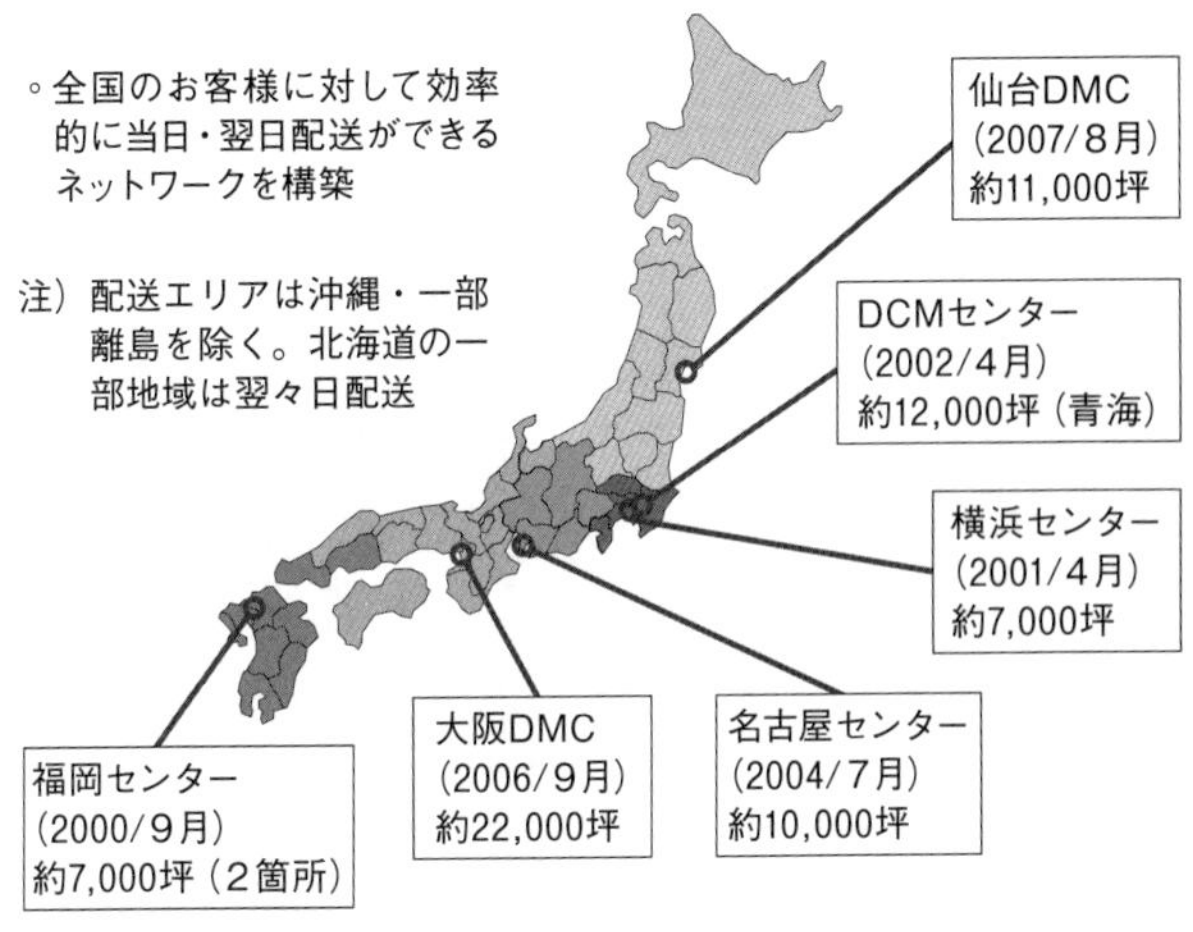

(　)内は稼働開始年月
（出所）同社資料より

が2本柱、２０１９年5月期（見込み）には法人向け事業で３０００億円以上、ＬＯＨＡＣＯでも５００億円以上を売上げました。ちなみに「ＬＯＨＡＣＯ」の由来は「Lots of Happy Communities」です。

　このＬＯＨＡＣＯは、２０１２年にヤフーと業務資本提携し、協業で立ち上げた一般消費者向けのＥＣサービスです。この事業を展開するにあたっては、ＢｔｏＢ向けＥＣ事業のパイオニアとして確立した自社配送による効率的な物流体制のノウハウが生かされています。たとえば、平日日中の配送が中心となる事業所向けと、休日・平日夜間中心のＬＯＨＡ

COを組み合わせることで、曜日・時間による配送量の増減を平準化し、配送効率を高めています。

また2017年11月から、コンビニ、スーパー、百貨店、専門店など幅広い業態を展開するセブン&アイのオムニチャネル「omni7」とLOHACOとの協業による、ネットスーパー「IYフレッシュ」がスタートしましたが、この配送についてもアスクルが担っています。

これまでに、BtoB事業では全国規模で自社配送網を確立、約70%を自社グループが配送しています。一方、LOHACOについても3割近くが自社グループでの配送です。

同社ではLOHACOを立ち上げて以降、物流センター投資を積極化してきました。

13年7月にASKUL Logi PARK首都圏（ALP首都圏）が稼働、その後、ALP福岡（15年12月）、ALP横浜（16年5月）が相次いで稼働を始めました。17年2月にALP首都圏で火災が発生しましたが、そこで失われた配送機能をカバーするため4月にLOHACO専用物流センターとして「ASKUL Value Center 日高（AVC日高）」を開設。18年2月には同社最大規模のAVC関西が本稼動しました。ロボット型自動倉庫やピッキングロボットなど、最先端テクノロジーを積極的に導入し、物流の高度自動化も進めています。

ＬＯＨＡＣＯではオリジナル商品の開発も進めています。アスクルの物流重視はこの商品開発にも現れています。

わかりやすい例が「LOHACO Water 2.0L」です。配送用段ボールの底面に合わせたサイズの外装箱を採用、1列にボトル5本並べられるパッケージ仕様にし、段ボール箱の底面にすき間なく収まるようにしました。車の振動でもガタガタしませんから、ほかの商品と同梱しても傷つける心配がありません。しかも、同量の他社製品と比べてスリムなサイズになっているため、家庭での置き場を選ばず、収納にも困らないという特徴があります。

また、物流志向とは少し違いますが、ネット通販ならではの独自商品も開発しています。ロート製薬の目薬「ロートアイストレッチコンタクト」は「12ミリリットル×1本」が一般的ですが、ＬＯＨＡＣＯ限定商品としては外出先でも使いやすい、携帯しやすい使い切りサイズの「5ミリリットル×4本」で販売されています。

アスクルの物流戦略には見るべきものが数多くあります。なかでも現在の同社を象徴するものとして、ＬＯＨＡＣＯの商品受取りサービス「Happy On Time（ハッピーオンタイム）」と、ＡＶＣ関西があげられます。

ハッピーオンタイムは「1時間単位の指定」「30分単位でのお届け時間の連絡」「配達直前

のお知らせ」を可能にした自社配送サービスで、2016年8月からスタートしました。

専用アプリで午前6時から夜中の0時まで、配達時間を1時間単位指定でき、午前9時までの注文の場合、最短で当日の受取りが可能です。配達当日には30分単位のお届け時間を教えてくれます。3240円（税込）以上の購入で手数料は無料。宅配ボックスでの受取りや、自宅内での置き場所（玄関扉の前、車庫、物置の中、裏口扉の前）指定もでき、お届け直前にドライバーから電話をもらうことも可能です。

こうしたきめ細かな配送体制を実現しているのが、AI（人工知能）を活用した配送計画システムです。走行距離や渋滞情報、気象情報、車両情報など多くの要素を盛り込んでプログラムされており、「一軒家が多い世田谷区と、高層マンションが多い中央区を比べた場合、車を降りてから荷物を届け終えるまでに中央区のほうが時間がかかる」といったことまでインプットされているそうです。

利用者が増えれば増えるほど、AIが処理する情報量も増え、配達先への到着時間の精度も向上しており、宅配の再配達問題の改善にも効果をあげています。一般的な宅配不在率が約15%（国土交通省の平成30年4月期の調査結果より）あると言われているのに対し、ハッピーオンタイムを利用した場合は約2%にとどまっています。

実はこのハッピーオンタイムの記者会見に筆者は呼ばれていて、同社創業者の岩田彰一郎社長（当時）に「世界最高レベルですね！」と言ったほど、私自身が衝撃を受けたサービスです。このサービスの展開エリアは徐々に拡大してきており、これまでに東京20区、大阪16区で利用が可能になりました（19年3月現在）。

18年2月に本格稼働した「ＡＶＣ関西」は、甲子園球場４・５個分の面積をもつ同社最大規模の物流センターで、法人向けサービス「アスクル」と一般消費者向けの「ＬＯＨＡＣＯ」に対応しています。

「人が歩かない物流センター」をコンセプトに開設された物流施設で、ピッキング作業ではスタッフが歩いて商品を取りに動くのではなく、手元に自動的に商品が流れてくる仕組みになっています。また24時間稼働が可能なロボットの活用も進められています。

またこのＡＶＣ関西では、メーカーやＬＯＨＡＣＯに出店しているショップとの在庫の共有化・商品の同梱配送等を行う、物流・マーケティングのプラットフォーム事業「Open Platform by ASKUL（「ＯＰＡ」）を同社第3の柱に育てるために、展開スピードを早めていく予定です。

２０１７年は大手配送会社の配送運賃値上げ等の宅配クライシスが話題になりました。アスクルでは17年2月16日に発生したＡＬＰ首都圏の火災対応も重なり、一時期、物流コストが増加傾向になっていました。しかし、ＡＶＣ日高、ＡＶＣ関西の本格稼働による生産性改善（19年5月期は期初から2割近い物流生産性の改善を達成）や、配送効率の高い自社配送の拡大などにより、ＡＬＰ首都圏の火災による影響は完全に収束、配送運賃値上げの影響も吸収できつつあります。

今後は、物流センターの「高度自動化」「ロボット化」への取組みのほか、ＬＯＨＡＣＯの自社配送エリアの拡大（現在の約3割から40％へ）、グループ外への配送サービス提供による配送密度アップおよびそれにともなう配送コストの低減、ＯＰＡによる物流シェアリングにより、物流コストのさらなる低減に取り組んでいく計画です。

3――ニトリホールディングス

「お、ねだん以上。」でおなじみの、家具・インテリア製造小売りチェーンのニトリホールディングス。２０１９年2月期決算で32期連続の増収増益を達成しました。日本全国47都道府県はもちろん、経済成長著しい中国、台湾にも店舗を展開、２０２０年2月期中に６００

店舗突破が見込まれています。

ニトリグループは、家具・ホームファニシングという分野で「製造物流小売業」という、オンリーワンのビジネスモデルを確立しています。

製造物流小売業というのは、商品企画から製造・物流・販売までを一貫して、自社でプロデュースするSPAモデルです。SPAといえば「ユニクロ」や「GU」を展開するファーストリテイリング、MUJIブランドの良品計画などが有名ですが、ニトリのように、物流機能まで自社で行っている例はほかには見当たりません。

同社のビジネスモデルは製造小売（SPA）の一形態ですが、物流機能も自前で行っている点で、より進化したモデルと考えることができます。

同社が扱う商品は、店舗からそのまま持ち帰ることができないような大型の家具やインテリア雑貨が中心です。店舗で代金を精算すれば、それで終わりではなく、お客様の自宅まで届け、商品を設置して初めて利用できるようになる、という商品が多く、物流（＝商品の配送）なくしては成立しないビジネスです。

以前に、SPAモデルのファーストリテイリング、良品計画と、ニトリの経営数値を比較したことがあります。その際に、ニトリと他の2社とで大きな違いになっていたのが「在庫回転数」でした。ニトリが「5・04」だったのに対し、ファーストリテイリングが「3・29」、良品計画は「2・30」でした。

ファーストリテイリングや良品計画は、1人で何度も買う商品を扱い、マーケティングに長け、商品開発力にも定評がある会社ですから、在庫のムダを抑えられると考えやすいのですが、ニトリの場合は家具・ホームファッションという購買頻度の低いカテゴリーを扱っているわけですから、この在庫回転数の高さは驚くばかりです。

一貫物流による在庫管理を可能にしている独自の物流システム、自前の物流体制により、商品在庫の効率的な活用を進めているニトリの強さの一端が、この数値に表われていると思います。

ニトリグループでは、大物家具を含めフルラインアップを扱う「ニトリ」、ホームファッションのみを扱う「デコホーム」、小型店フォーマットの「ニトリEXPRESS」に、ネットショップ「ニトリネット」を加えた4つの販売チャネルを展開しています。

雑貨類など店舗からそのまま商品を持ち帰ることができますが、大物家具のように組立や設置が必要なものは別便でお客様の自宅まで届けます。また、ネットショップ（ニトリネット）から購入できる商品もあります。その場合、商品の受け取り場所を店舗に指定することも可能です。デコホームには、ニトリで扱っていないオリジナル商品もあります。

これらの商品を、受け渡し方法、購入場所の違いによって、物流経路をはっきりと分けて管理しているのがニトリの特徴です。商品の形態によって、物流センター（DC）、配送センター（営業所）、発送センターをそれぞれ活用し、お客様の手元に届けます。

物流センターは、海外の工場から輸入した商品の受け入れ・保管を行い、受注情報に基づき、全国の店舗・営業所に商品を供給します。国内7カ所にある発送センターではニトリネット（ネット通販）経由で受注した商品の全国発送を行います。店舗で購入した商品をお客様の自宅へ届ける場合も発送センターが対応します。配送センター（営業所）は国内78カ所に拠点があり、日本全国をほぼカバーしています。

店舗受取りが可能な商品は、物流センター（または国内メーカー）から店舗に商品が送られます。ネット通販の場合は、物流センター（または国内メーカー）からネット通販の物流機能である配送センターに届けられ、そこで注文に応じてピッキング、梱包作業などが行われ、宅配事業者を経由してお客様宅に届けています。

組立・設置が必要なソファや食器棚などの大型家具は、物流センター（または国内メーカー）から、配送センター（営業所）に入り、そこから専門スキルをもった2人のセールススタッフがお客様の下に商品を届け、組立、設置を行います。

ニトリでは、2016年12月より、都市型店舗にある店頭在庫と、ネット通販発送センターにある在庫情報とをリアルタイムで一貫管理するようになりました。そのおかげで、ネット通販で注文した商品の最寄り店舗での受け取り、店舗で商品を確認しながらのスマホアプリからの注文、店舗で購入した商品の自宅配送といった、さまざまな買物スタイルにも、店舗や発送センター・配送センターの在庫を効率的に活用し、スピーディに対応することが可能になりました。

同社では2017年6月、「ニトリ渋谷公園通り店」を対象にした「手ぶらdeショッピング」という新サービスをスタートしています。

ニトリアプリを使って、店内に陳列された商品の専用QRコードを読みこませると、ニトリネットと連動し、簡単に買い物処理ができるというサービスです。渋谷公園通り店はビルの1階から9階まで、合計1510坪の売場面積がありますが、大物家具を陳列するとそれだけで売場の5割近くを占めてしまい、効率の悪い陳列になってしまいました。そこで売場としての効率の悪さを逆手にとり「大物家具のショールーミングスペースにしてしまおう」という逆転の発想から生まれたのが、このサービスです。2019年2月期の累計で約2万

2000件の利用がありました。

また、同期間中に「ネットで注文し、店舗での受取り」を選んだケースが約16万件に上っています。

このように、ニトリでは「オンラインからオフライン」、「オフラインからオンライン」、というように、ネットと実店舗を行ったり来たりしながら、買い物を楽しむ人が増えており、2019年2月期中に「実店舗で商品を確認しネットから購入した人」は68%、「ネットで商品を比較し店舗で購入した人」が67%だったそうです。

その結果、2019年2月期のニトリネットの売上げは前年比27・3%増の389億円となり、全売上げ（6081億円）に占める比率（EC化率）は6・4%まで上昇しました。

2016年1月、ニトリホールディングスの物流子会社ホームロジスティクスが、川崎市にある通販発送センター内にロボット倉庫「AutoStore」（オートストア）を導入しました。国内で初の試みです。

これは、物流センター内で最も作業量が多い「商品のピッキング作業」を省力化し、作業時間の大幅な短縮とピッキング精度の向上を期待できるノルウェー企業が開発したロボット倉庫システムです。同社ではこの導入により、ピッキング作業での生産性は5倍以上向上し、想定より早い投資回収が見えてきたと言います。

通常、ネット通販用倉庫でのピッキングは、作業スタッフにとって、商品の大きさや種類もさまざまで、1日の移動距離も相当長くなり、またピッキングする際の姿勢も腰への負担がかかる作業です。作業そのものは単純でも、肉体的な負荷がかかり、その結果、人手の確保もますます厳しさを増していきます。その点についても、オートストアの導入によって、腰に負担のかからない姿勢でピッキングできるようになり、職場環境としても改善したそうです。

2017年10月には、西日本通販発送センター（大阪府茨木市、13万平方メートル）に、日本初の無人搬送ロボット「Butler（バトラー）」を79台導入しました。無人搬送ロボットとは、商品保管用の棚を作業者の手元まで運んでくれるというもの。ピッキングする商品の棚までの移動距離を短くし、作業者の負担を軽減します。

また、ロボットに搭載されたAI（人工知能）により、ピッキング頻度の高い商品（人気商品）を保管している棚を順次、作業者の近くに移動させていき、バトラー本体の作業効率も向上していきます。

ニトリグループでは、さらに2020年夏の竣工をめざし、埼玉県幸手市に国内最大級の物流センター「幸手ＤＣ」の新設を決定しました。幸手ＤＣにもロボット導入を考えています。

「お、ねだん以上。」の顧客満足度を提供し続けるためには、圧倒的な低価格での商品提供が不可欠です。

そのため、ニトリでは、海外生産・調達を積極的に進めてきました。

商品の90％は、部品の調達から組立までを海外で行っています。インドネシアとベトナムにある自社工場のほか、国内外の協力工場（中国、パキスタン、バングラデシュ、インド、韓国、日本、香港、台湾、フィリピン、タイ、カンボジア、マレーシア、シンガポール、トルコ、エジプト、フランス、スペイン）を活用しています。ときには、納得できるものが見つからなければ、部品から自社製造することもあります。

もちろん海外生産品の品質管理には、厳しい目を光らせています。製品検査、パッケージ強度、安全性検査などを５００人体制のもと、自社工場はもちろん、中国の協力工場にも、スタッフを常駐させています。

また輸入する際のコスト削減も重要です。

同社では、２００７年５月に恵州物流センター、２００９年12月に上海プロセスセンターを稼働させ、物流効率の強化を図ってきました。現在、海外物流センターは4カ所（中国：太倉DC、恵州DC、台湾：桃園DC、ベトナム：ホーチミンDC）あります。

日本国内に商品を持ち込む場合（＝輸入）、海外物流センターを経由して、日本の港（コンテナヤード）に入り、通常、そこから物流センター（DC）に納品されます。物流センターでは、国内メーカーを含む複数の仕入れ先から入荷した商品を行先別（店舗、発送センター、配送センター）にまとめて出荷をします。

海外の拠点であらかじめ行先別にまとめて出荷する場合もあります。その際は国内物流センターでの保管や積み替えをすることなく、直接、出荷することができ、国内での輸送・保管の効率化に効果をあげています。

荷扱量は20フィートコンテナ換算で年間17万本を数える規模。単体企業として扱う海外からの物量では、物流業界全体でみても国内最大規模になるそうです。

海外DCの展開をはじめ、ニトリグループはこれまでの流通・物流の常識を次々と塗り変えてきました。「貿易改革室」を立ち上げ自社通関を設けたこともそのひとつです。

日用品のほぼ全カテゴリーを扱うニトリグループでは、それだけ相手先生産国も多くなります。通関条件は国ごとに異なりますから、「申請・許可・承認・契約」に関わる作業は煩雑になりがち。そこで同社では、自社通関の体制を整え、自社ですべての手続きを完了できるようにしました。その結果、大幅なコスト削減になり、海外生産品をスムーズに国内供給できるようになりました。

また、自社通関によって、海外の船舶会社に対して、船や航路に関わる交渉ができるため、輸入港と国内DCを最短ルートでつなぐことも可能です。

このように、ニトリグループはサプライチェーン全体でのコスト削減を図り、海外の生産工場から、お客様の手元に届くまでのほぼすべての工程を自前の物流網で効率的に運営しています。

ニトリグループでは、「2032年、3000店舗、売上高3兆円」という中長期ビジョンを掲げています。その実現に向けて、「グループ成長軌道の確立と新たな挑戦」「お客様の暮らしを豊かにする商品・店・サービスの提供」「グローバルチェーンを支える組織と仕組み改革」の3つの重点課題に取り組んでいます。

4―ZARA

ファストファッションで世界的に有名なブランド「ZARA（ザラ）」は、1998年に日本第1号店をオープンし、その後店舗数を順調に拡大。2019年5月現在、日本国内で94店舗を展開しています。世界では96カ国に2000店以上を展開しています。その運営全体を管理しているのが、スペインに本社をもつInditex（インディテックス）です。

ファストファッションというのは、ファッションサイクルを従来型小売りの6～9カ月から5週間程度に短縮し、より流行を意識した値ごろ感のある商品で消費者の心をつかみ、成長を続けているカテゴリーで、このインディテックス、スウェーデンのH&M、ユニクロを展開するファーストリテイリングが市場を牽引しています。

この3社の事業規模を見ておくと、インディテックスの売上高は約288億ドル（3兆1680億円）、純利益が約38億ドル（4180億円）に対し、それぞれ、H&Mは約231億ドル（2兆5410億円）、約18億ドル（1980億円）、ファーストリテイリングが約168億ドル（1兆8480億円）、11億ドル（1210億円）（デロイトトーマツ調査「世界の小売業ランキング２０１９」。１ドル＝１１０円換算）となっており、インディテックスの利益率の高さは群を抜いています。

２０１８年3月、私はスペインの北西部、ヨーロッパの中で〝もっとも美しい地の果て〟と称されるガリシア州ラ・コルーニャにあるインディテックスの本社を訪ねました。

インディテックスは、ＺＡＲＡをはじめ８つのブランド（ZARA, PULL&BEAR, Massimo Dutti, Bershka, Stradivarius, Oysho, Zara Home, Uterqüe。日本国内ではZara, Bershka, Zara Home, Stradivarius の４ブランドを展開）を世界５大陸の７０００超の店舗で展開していますが、出荷指示からヨーロッパの店舗なら36時間以内、ヨーロッパ以外の店舗でも48時間以内に商品を納品できる物流体制を構築しています。

同社の事業モデルは、できあがった商品はできるだけ早く売場に届け、ムダなく在庫を使って販売機会のロスをなくし、売上げ、利益を拡大させる〝Speed Logistics〟製造小売業です。

取引先からの注文で製造を考えるのではなく、その先にある販売（川下にあるお客様が買ってくれるのかどうか）からモノづくりを考えること。商品の動きが止まりかけたとき（＝需要が谷を迎えたとき）に次のものを一気につくること。

私は需要予測の精度は「予測したときからの時間の経過の2乗で落ちていく」と考えています。需要予測の翌日に製造するのと、翌々日になるのとでは、その精度に4倍（2×2）の差が生まれてしまう。翌々日製造したものは、翌日製造分の4分の1の精度になってしまう。とくに流行に敏感なファッションであればこそ、わずかな時間差がより大きな違いとなって現れてくるのだと思います。

こうした考えに沿ってつくり出されるアパレル製品を、"Responsible Fashion"（流行に敏感に合わせたファッションづくり）と呼んでいます。

同社が"Speed Logistics"製造小売業を可能にしているポイントがいくつかあります。まず、各店のマネジャー、カントリーマネジャー、各国の営業担当、プロダクトマネジャーは、毎日、店・顧客情報を共有。販売拠点からの発注は週2回。本社からの出荷指示も週2回あります。

出荷指示からの時間軸で見ていくと、1時間後にはスペインにある物流センター（9拠点、10カ所）に商品情報が送られ商品内容を確認、2時間後には出荷準備が開始され、8時間以内に商品の出荷が完了します。物流センターでは週6日（日曜定休）×3交代（午前、午後、夜）の24時間操業で回しています。3日で1サイクルとなっており、各店には週2回発送が可能な仕組みになっています。

ヨーロッパの店舗ではトラック便で36時間以内に商品が到着。ヨーロッパ以外の店舗の場合は、航空便経由で48時間以内に到着するというのが基本です。

サプライチェーン（SC）のほぼすべてを自社で構成しているというのも重要な点です。デザインは、プロダクトマネジャーによる月2回の会議を経て商品が決定されます。バイヤーとデザイナーは机を囲むかたちで座席が配置され、モデルも常駐していますから、いつでもデザインの確認、打ち合わせができるようになっています。

次に生地の裁断です。実は物流センター内に生地が保管されており、自動裁断機で裁断され各地にある縫製工場に出荷しています。インディテックスでは物流センターの在庫は、商品ではなく、生地なのです。

縫製は60％が自社および近隣国の8工場で行っています。生地を送ってから10日、自社工場に戻ってきます。アジア工場では定番品の縫製が中心です。

海外に数多くの生産委託先をもつ同社ではSC監査（Supply Chain Audit）を実施し、常時、原材料をどこから仕入れているのか、問題とされる労働環境はないかといったことを確認し、その結果を明らかにしています。ヨーロッパには、環境やエコロジーに関心をもつ企業が数多くあります。そうした発想がないと、社会に受け入れられにくいからです。

続いてアイロン仕上げ、検品の工程です。自社工場内で細かくアイロンがけをしながら、品質検査も行い、RFIDタグを装着し完成させます。修正が必要となった場合には自社工場で対応しています。同社の場合、デザインから商品の完成まで2週間が基本。実際には1週間でできあがるとも言われています。

店舗への配送はヨーロッパの店舗以外は航空便を活用しています。

航空便の発着は、サラゴサ空港をベースにしています。同空港はインディテックスのベース基地となっているだけあって9割が貨物輸送になっているそうです。ただし本社のあるラ・コルーニャから750キロ近く離れている（ちなみに、東京から青森までの新幹線の営業キロは約720キロです）ため、製造拠点から比較的近い（車で1時間程度）サンティアゴ空港から、サラゴサ空港まで移送しています。

こうした配送体制になっているのは、同社の考え方に、各国内にはDC（在庫保管型物流センター）を置かないというものがあるからです。実はZARAが日本上陸を果たしたころ、私の会社で店舗への搬入作業を請け負ったことがあります。

インディテックスでは、月2回の会議に基づき、年間5万点の商品開発を進めています。

同社のデザイン部門は、デザイナーチーム、プロダクトマネジャー、バイヤーチームで構成され、約700人が在籍し、うちZARAの担当が350人います。

デザイン部門700人で5万点の新商品を開発するわけですから、単純に1人当たり年間約70点以上の開発に関わっていることになります。しかし開発には必ずデザイナー、プロダクトマネジャー、バイヤーが関わることを考えれば、1人当たりの担当点数は年間約250点以上。年間の労働日数は、週休2日ならほぼ250日ですから、とにかく毎日、新商品を1人1点ずつ開発している計算です。

アパレル製品の場合、プロパー販売率（発売時の店頭価格で売り切る割合）は60％あればかなり効率的と言われています。ところがインディテックスのプロパー販売率は90％にもなるそうです。ムダの少ない販売で定評のあるユニクロでも75％程度ですから、同社のプロパー販売率の高さが尋常でないことがよくわかります。言い換えると、同社の商品がいかに消費者に望まれているか、と考えることもできます。

いまや、オフライン（実店舗）とオンライン（EC）の融合はあらゆる小売業の共通課題です。お客様は、スマホやタブレットをそばに置き、リアルとデジタルの世界を行ったり来たりしながら、そのときの都合で、いつ、どこで、商品を確認し、比較し、購入するかを決めています。いわゆる、オムニチャネルでの買い物を楽しんでいます。

私がオムニチャネルの必須条件の1つとしてあげているのが、「在庫の一元管理」です。インディテックスでは2018年までに、世界のすべての市場で実店舗とECの在庫管理システムを1つのシステムに統合しました。

ZARAのオンラインストアであるZARA.comの売上げは、インディテックスの世界売上げの10％を占めています。同社がオンラインストアをスタートしたのは2010年と決して早くはありません。当時、すでに世界中で5000店舗に達していました。翌2011年には日本でのオンラインストア対応が始まり、オンラインストアから8つのブランドが購入できるようになりました。

オンラインストアの商品は世界で20カ所にあるEC専用の物流センターから、大都市圏は当日配送（Same day delivery）、その他の地域でも翌日配送（Next day delivery）が標準になっているそうです。"Speed Logistics"はオンラインショップでも実践されているということですね。

インディテックス本社の中にインターネット販売部門のセクションがあります。そこには巨大なスクリーンがあり、映し出されたZARA.comの画面には、リアルタイムの情報がいくつも表示されています。

私が訪問した際には、

「Active user 46,606, Spain6,789, Japan 3,622, Italy, France, UK, Russia」

という順にサイトにアクセスしているユーザー数が表示されていました。

びっくりしたのは、日本からのアクセス数の多さです。スペインはもちろん、他のヨーロッパ諸国も日中ですが、日本では深夜です。そんな時間帯なのに日本からのアクセス数がスペインに次いで多かったのです。それだけ日本にはZARAのファンが多いということなのでしょう。

インディテックスの本社内を歩いていて感じたことですが、私が「Logistics」という言葉を口にすると、案内してくれている担当者が必ず振り向いていました。"Speed Logistics"製造小売業のインディテックスに勤める社員は、ふだんから「Logistics」を意識し、アンテナを広げて働いているのだと強く感じました。

それだけ同社にとってロジスティクスは重要なものであり、まさにビジネスモデルそのものなのです。

5―カルビー

菓子メーカー大手、カルビーは2019年に創立70周年を迎えました。

「やめられない、とまらない」の名フレーズで大ヒット商品となった『かっぱえびせん』(1964年発売)、「100円でポテトチップスは買えますが、ポテトチップスで100円は買えません」のCMが印象的だった『ポテトチップス』(1975年発売)、発売から20年以上経って大ブレーク、シリアル市場トップの『フルグラ』(1991年発売、当初は『フルーツグラノーラ』)など、同社にはロングセラーの人気商品が数多くあります。

売上高は2515億円(2018年3月期、連結)。2008年の売上高が1096億円でしたから、この10年の間に売上げを2倍以上に成長させています。国内のスナック市場でのシェアは53・2%、ポテトチップス市場では72・6%、シリアル市場は40・3%という圧倒的なシェアをもっています。

ではなぜ、カルビーはロングセラー商品を生み続け、これだけの地位を築くことができたのか。

商品が「おいしい」ということはもちろん、TVCMなどを巧みに利用し全国に商品名を広げることができたということもあると思いますが、私は、おいしい商品を日本全国に、効率的かつ安定的に供給できる体制を築けたことが大きいと考えています。

スナック菓子の物流は「空気を運んでいるようなもの」と、よく言われます。商品の見た目（形状）が商品の価値に直結するため、たとえばポテトチップスが割れないように、空気を緩衝剤代わりに封入するので、重量の割にかさばるものになるからです。

カルビーでは、この悩ましい商品特性をクリアしながら、おいしさとコストをバランスよく両立させるために、製品物流に工夫を加えてきました。

ポテトチップスについては、店頭での商品の鮮度・おいしさを保つため、一括大量配送から多頻度小口配送へと転換しました。さらに、そのための配送コスト増を吸収するべく、消費地の近くで生産し、配送距離を短くする仕組みをつくりあげました。

同社で使用するじゃがいもの量は、国内生産量の6分の1（約16％）を占めます。そのため、ポテトチップスの品質確保、および自然災害からの影響を軽減するため、全国約1900名の契約生産者の協力を得て、使用する時期に合わせて、病害虫に強いオリジナル品種「ぽろしり」をはじめ数種類の馬鈴薯の調達、貯蔵管理も行っています。またじゃがいもは中心産地である北海道から鹿児島工場まで、というように長距離海上輸送されることもあります。その場合には、じゃがいもに最適な環境で運べるように、専用のじゃがいも輸送船（カルビーポテト丸）を使用するなど、高品質のじゃがいもの維持・管理にも力を注いでいます。

現在、ポテトチップスの生産から店頭までの流れは、10のプロセスにより管理されています。原料段階の「①種子」⇓「②圃場」⇓「③原料流通」、生産段階の「④前処理」⇓「⑤加工」⇓「⑥調味」、物流段階の「⑦包装」⇓「⑧在庫」、営業段階の「⑨商品流通」⇓「⑩店頭」を経て、お客様の手元に届けるというものです。

カルビーでは、これらのプロセスをカルビー本体と、子会社のカルビーポテト、カルビーロジスティクスの3社で担っています。

カルビーポテトは、じゃがいもの栽培管理、品種開発、貯蔵、工場への配送など、調達物流をメインに行う会社です。

一方、カルビーロジスティクスは、2018年7月に「スナックフードサービス」から社名変更した会社で、カルビー商品の製品物流を一手に引き受けています。同社を設立した1990年当時は、ドライバーの人手不足状態にあり、自分たちで物流をやらないと、コストと物流品質の維持が難しいという時代。物流のイノベーションを図るために立ち上げた会社で、当初、社名にカルビーと入れなかったのは、「空気を運んでいるようなものだから、できるだけ配送密度を高めて、コストを抑えたい」という菓子業界共通の課題を共同配送によって解決したいという、業界大手としての思いがあったからです。現在、9割（カルビー80％、10％が子会社のフリトレー製品）がグループ内の配送ですが、残りの1割は同業他社（お菓子メーカー十数社）の商品配送です。

物流戦略を考えるうえで、私が提案しているものに「物流戦略の4C」があります。このフレームワークに沿って、カルビーの製品物流を考えてみると、次のようになるかと思います。まず、利便性、価値提供の convenience ですが、「味へのこだわり」「商品のバラエティ」になるでしょうか。次に時間の constraint of time は「できあがった商品をいち早く届けること」でしょう。これを実現する手段である combination of method は「消費立地型の生産拠点を設け、物流拠点を使い分けながら、多頻度小口配送する」ことであり、最後のコスト（cost）については「低コストを優先する」となるでしょう。

ポテトチップスについては、全国14カ所にある生産拠点（協力工場を含む）のうち、8カ所の工場（北海道工場（北海道千歳市）、新宇都宮工場（栃木県宇都宮市）、ポテトフーズ東松山工場（埼玉県東松山市）、各務原工場（岐阜県各務原市）、湖南工場（滋賀県湖南市）、広島工場西棟（広島県廿日市市）、鹿児島工場（鹿児島県鹿児島市）、R&Dセンター（栃木県宇都宮市））で生産しています。

物流の拠点はカルビーロジスティクスが全国に14カ所設けていますが、その機能によって3種類（DC、SS、TC）を使い分けています。

DC（Distribution Center）は工場に隣接した在庫型の物流センター。恵庭DC（北海道恵庭市）、宇都宮DC（栃木県宇都宮市）、古河DC（茨城県古河市）、東松山DC（埼玉県東松山市）、中部DC（愛知県犬山市）、湖南DC（滋賀県湖南市）、広島五日市DC（広島県広島市）、鹿児島DC（鹿児島県鹿児島市）の8カ所にあり、拠点間輸送（DCからDC、SS、TC）と、お客様（菓子問屋など）に配送しています。

SS（Service Station）は消費地隣接の在庫型配送センターで、SSからお客様（菓子問屋など）に配送します。配送ボリュームの大きい盛岡SS（岩手県紫波町）、神奈川SS（神奈川県相模原市）、福岡SS（福岡県宇美町）、沖縄SS（沖縄県浦添市）の4カ所にあります。

TC（Transfer Center）は消費立地型の配送センターですが、在庫を持たない積み替え専用の拠点。仙台TC、新潟TCがあり、共同配送の持ち込み拠点にもなっており、お客さん（菓子問屋など）へ配送しています。

ポテトチップスのようにかさばるものは生産拠点に近い物流拠点から近隣の消費地へと届けますが、フルグラのようにかさばらないものは京都工場（京都府綾部市）、清原工場（栃木県宇都宮市）の2カ所で生産、東西の配送センターそれぞれ1カ所から全国へ配送しています。またDCでは複数の荷物を積み合わせることにより、配送効率を向上させる取り組みも行っています。

カルビーロジスティクスでは、年間に155万ケースを配送しています。

カルビーの物流課からの指示により、1日に500台、1カ月で1万3500台のトラックを動かしていますが、このボリュームは、カルビーを除く5大菓子メーカー（江崎グリコ、ロッテ、森永製菓、明治）の合計に匹敵する出荷量になるそうです。物量として多いということもありますが、すき間なく箱詰めできるチョコレートと、空気を運ぶスナック菓子という違いも影響しているようです。

最近の食品流通の世界では、業界の努力目標として、賞味期限の6分の1以内に出荷することになっています。カップものの「じゃがりこ」や「jagabee」は賞味期限が90日ですから、工場で生産されてから「15日以内」に出荷する必要があります。賞味期限が120日あるポテトチップスでも「20日以内」に出荷しなければなりません。カルビーの場合、出荷・配送についてはきっちりとダイヤグラムが作成され、トラックごとに配送センターに入る時刻、順番などがしっかり管理されています。

ドライバーの人手不足、働き方改革の推進による長時間勤務の抑制などもあり、物流コストの上昇は頭の痛い問題になっています。圧倒的な物流量を扱うカルビーでも、生産性の向上が至上命題です。

同社では、ポテトチップスの10プロセスにおいて、生産の前処理までのプロセス、包装から店頭までのプロセスにおいて、工数の削減や作業の簡素化を図り、コスト削減に取り組んでいますが、これはほんの一例。パッケージ容積の縮小をはじめ、商品や包材の改善など、細かなところでも実行に移しています。

最近、効果をあげたものに「フルグラ」のケースがあります。

フルグラは内容量別に、600グラム、700グラム、800グラムのバリエーションがありますが、従前、それぞれ同じサイズの段ボールで梱包していました。それを600グラム、700グラムのフルグラについては、段ボールの高さを20ミリ縮小したところ、当たり前のことですが、同じ箱数でも占有スペースを縮小することができ、倉庫保管効率の改善、物流効率の改善、段ボールコストの削減という効果が生まれ、かなりの規模でコストの削減につなげることができたそうです。

カルビーでは、このフルグラの事例にとどまらず、あらゆる商品ラインアップで、こうした細かな施策に取り組み、効果をあげています。

6―ヨドバシ・ドット・コム

2017年のヤマトショックをきっかけにした宅配料金値上げ以降も、買い物金額に関係なく日本全国送料無料、注文当日の配送や配達日時指定も追加料金なし、東京23区内なら最短2時間30分での配達も可能（もちろん追加料金なし）――こと物流の品質ということに限っていえば、「あの世界最強のネット通販、アマゾンさえも見劣りする」といってもよいぐらい顧客満足度の高い物流を実現しているのがヨドバシカメラです。同社のネット通販「ヨドバシ・ドット・コム」は、サービス産業生産性協議会が2009年より発表を行っている「JCSI（日本版顧客満足度指数）調査」で、2014年度から5年連続、通販部門の顧客満足度1位に選ばれています。

現在、ヨドバシカメラは、都市圏を中心に全国23店舗を展開、3カ所（川崎市、神戸市、三重県桑名市）にある自社所有の物流センターを活用して、効率的に商品を供給しています。2018年3月期の売上高は6805億円（前期比9・8％増）、経常利益については家電量販業界ナンバーワンのヤマダ電機（単体）の半分程度の売上げ規模で、2倍近い606億円（ヤマダ電機の経常利益は322億円）を稼いでいます。この同社の成長エンジンは、売上高1110億円を超える規模になったヨドバシ・ドット・コムで、店舗よりも高い利益を稼ぎ出しているといわれています。

ヨドバシ・ドット・コムのサービスを象徴しているのが、2016年9月からスタートした「ヨドバシエクストリーム」です。

同社社員が注文から最短2時間30分以内で届けるというもので、当初は東京都23区全域と、武蔵野市・三鷹市・調布市・狛江市の一部を対象にサービス提供していましたが、延床面積25万平方メートルという川崎の巨大物流センターの本格稼働後の2018年6月には、横浜市や川崎市の一部地域を対象エリアに加え、現在は大阪市北区、福岡市博多区の一部地域でも、ヨドバシエクストリームを利用できるようになっています。

ヨドバシエクストリームの対象商品は、実店舗とほぼ同じ約600万アイテムを取り扱うヨドバシ・ドット・コムの約10％（約60万アイテム）ですが、品目数ではアマゾンの「プライムナウ」（最大約7万品目）を凌駕しています。

加えて、商品の出荷状況なども、随時、メール連絡が入ってきます。配達当日には、分単位でのお届け予定時間がわかり、その予定から前後してしまう場合には、事前に電話連絡が入るというきめ細かな対応も、よく知られているところです。ヨドバシカメラは通常、配達を宅配業者へ委託していますが、ヨドバシエクストリームでは自社社員が配達をすることにより、こうした迅速で柔軟な対応が可能になっているのです。

このヨドバシエクストリームは「注文から最短2時間30分以内のお届け」ということから、アマゾンの最短2時間配達の「プライムナウ」を意識したサービスと考えられることが多いのですが、同社に聞くと、もともとスピード配送を目的にしたものではなく、「配送の効率化」「配送レベルの向上」を追求した結果、実現されたのだそうです。顧客の都合に合わせて届けることを目的に、物流業務を徹底的に効率化したところ、受注後、わずか5分で商品をピッキングし、30分以内に出荷することが可能となり、最短2時間30分で商品を届けられる体制を構築できたといいます。

ヨドバシエクストリームが、どのようなオペレーションのもとで実現されているのか、同社では明らかにすることはありませんが、首都圏の対象エリアでは、川崎の物流センターを拠点に、配送車両を300台以上配置し、12カ所程度あるデポを通じて配送しているようです。また、オペレーションそのものは日々、進化させており、デポの統廃合も随時、行われていると聞きます。

ECでお客様に商品を届ける場合、店頭販売に比べて配送コストが余分にかかります。送料無料の同社の場合、販売原価にそのコストを上乗せして考える必要があるわけですが、冒頭でも記したように、EC比率が高いはずのヨドバシカメラは業界内でもとくに高い利益率を維持しています。このことから同社の自社配送体制がいかに外部委託より効率的に運営できているかがわかると思います。

ヨドバシカメラでは東京都と神奈川県だけで12店舗を展開しています。

一般に複数の実店舗を構える企業の場合、店舗在庫を活用した店舗ピッキングにより、配送までのリードタイムの短縮や在庫の有効活用を考えることが多いのですが、同社ではマルチメディアAkibaを除き店舗からの発送を行っていません。「いったん店舗に送った商品を、通販対応のためにピッキングするということは、それだけ余分な人の手を介することになる。都心の好立地にある店舗を物流センター代わりにしたら、もったいない」という考えです。

しかし、その一方で実店舗の有効活用には積極的です。ヨドバシ・ドット・コムで注文した商品を店舗受け取りにした場合、最短30分で指定の店舗で商品を受け取ることができます（受け取りを希望する店舗に在庫がある場合）。しかも、マルチメディア梅田、マルチメディアAkiba、マルチメディア博多の店舗であれば、24時間受け取りが可能です。

私は、会社が最寄りにあるため、Akibaを利用することが多いのですが、急ぎのときなど出社前に自宅から注文を入れAkibaでの受け取りを指定すると、会社に着くころには商品が用意されていて、そのスピード対応には何度も感心させられました。

ヨドバシエクストリームでのきめ細かな対応や、ネット注文品の店舗受取でのスピード対応は、一見すると、現場のスタッフたちの頑張りのように見えるかもしれません。しかし、ヨドバシカメラの場合、お客様の目には見えない裏側で、スタッフのだれが対応しても同じように顧客満足を与えられる仕組みがしっかりと構築されています。

その仕組みの根底にあるのが、「オンラインで調べて、店舗でショッピング」「店舗で見て触って、オンラインで注文」「受け取りはお客の都合に合わせ、自宅でも店舗でも」というように、いつでもお客様が快適に買い物できる環境を提供し続けるということです。

流通小売業の世界では、数年前に、いつでも、どこでも、お客様が望むスタイルで買い物を楽しめる環境づくりとして「オムニチャネル」というキーワードが注目されましたが、ヨドバシカメラが追求しているのは、まさにそのオムニチャネルそのものです。同社ではあくまでも「チャネルレス」と呼び、「ネット通販でも、実店舗での対面販売でも、ネット通販の店舗受取でも、お客様は何も気にすることなく、その場に応じて、便利な方法を利用できるようにしているだけ」と話していますが、それを現実のものにするのは容易なことではありません。

私は常々、オムニチャネル構築の条件として、「在庫の一元管理」、「店頭とネット通販での価格の統一」、「社員の教育」の3つをあげています。

ヨドバシカメラでは、この3つの重要性にいち早く気づき（もっとも、同社の言葉を借りれば「お客様のニーズに対応するために必要だったから」ということですが）、インターネットが今日のように普及するはるか前から、これらの取り組みを進めていました。

同社がネット通販をスタートしたのは1995年のことです。驚くことに、この時点ですでに在庫の一元管理ができていたそうです（店舗、倉庫、移動中のもの、取り置き依頼のものなど）。２０００年には在庫情報をネット上にオープン、２００３年にネットからの取り置き注文も可能になりました。現在は、商品ごとに店舗単位で「◎在庫あり」、「○在庫残少」、「▲お取り寄せ」、「－在庫なし」の情報がリアルタイムで表示されるようになっています。

店頭とＥＣでの個別価格も２０１０年ごろから一元管理に移し、価格の統一も実現しています。また社員の教育という面でも、サービス産業生産性協議会が２００９年より公表している「ＪＣＳＩ（日本版顧客満足度指数）」で、９年連続して家電量販店業界ナンバーワンの評価を得ているほどです。

つまり、オムニチャネルという言葉さえ存在していない時代から、ヨドバシカメラでは「いつでも、どこでも、お客様が望むスタイルで買い物を楽しめる環境」が整いつつあったのです。

ヨドバシカメラは都市圏を中心に23店舗を展開する一方で、ヨドバシ・ドット・コムではアマゾンに引けを取らない物流品質での配送体制を構築し、ＥＣ売上げを成長させています。同社のＥＣ比率は現在、約16％ですが、最近のインタビューなどでは「将来的には、ＥＣ比率を50％まで高めたい」と答えています。

こうしたことから、対アマゾンという視点からも注目されることの多い同社ですが、副社長兼ＣＩＯ（最高情報責任者）としてＥＣ事業を牽引する藤沢和則氏は「他社（アマゾン）のことは気にしない。自分たちのリソースでできることを粛々と進めていくだけ」と語り、「新たに配送拠点をつくれば在庫管理が難しくなるし、オペレーションの手順も変わる。アマゾンなどのように、消費立地型の拠点をどんどん増やす方針はない」と明言しています。

新たな品揃えについては、２０１８年12月からヨドバシ・ドット・コムで酒類の販売を開始しました。その後、新宿西口本店、マルチメディア横浜、マルチメディア川崎、マルチメディアAkibaの4店舗でも酒専門売場の展開をスタートしています。さらに２０１９年４月には、関東を中心に全国31店舗を展開するアウトドア用品のＩＣＩ石井スポーツの買収を発表しました。

２０１６年9月に東京23区からスタートしたヨドバシエクストリームは、２０１８年６月に横浜市や川崎市の一部地域を配送エリアに追加しました。物流の重要性をよく知るヨドバシカメラですから、勢いだけで対象エリアを広げることはありません。これまでの配送エリアで、しっかり配送密度が取れているということでしょう。そこに今回の新たな品揃えが加われば、さらなる配送密度の確保も期待できます。今後、じわじわとヨドバシエクストリームの配送エリアが拡大していくことも考えられます。

第5章　物流管理をしよう

これまでは最新の動きを事例などもふんだんに交えて紹介してきました。本章では基本に立ち帰り、物流管理についてわかりやすく説明しましょう。

1—物流管理の種類

戦略レベル、戦術レベル、戦闘レベル

物流管理には、3つのレベルがあります。なぜなら、管理監督する人には、①本社物流部門長または経営戦略担当者、3PLまたは物流子会社の管理者、現場の責任者（リーダー）のように、物流戦略全体を見る人、②物流業務全体（実行度合いやコストや品質）を見る人、③日々の業務の進捗を見る人がいるからです。

戦略レベル、戦術レベル、戦闘レベルの違い

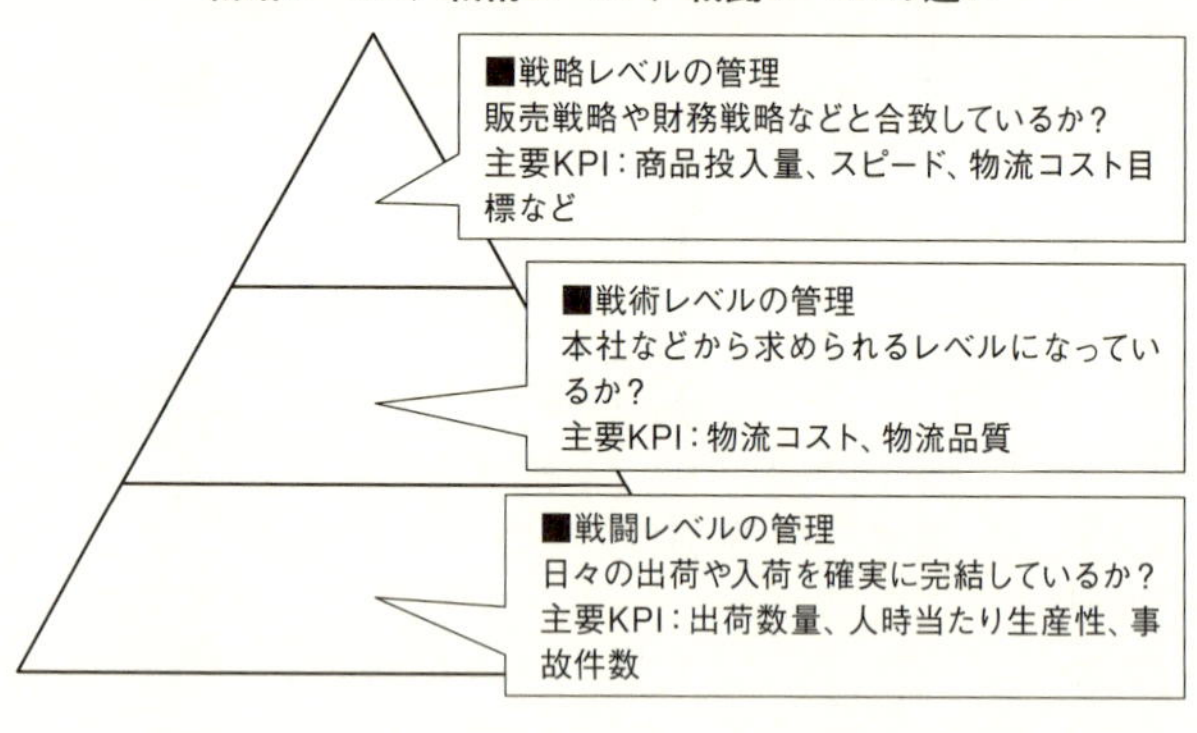

戦略レベルの物流管理では、販売や財務の戦略との整合性が重要です。たとえば、新しいエリアで販売をする際に、業務を外注するか自社で行うかや、倉庫を間借りするか一棟借りるか建てるかという選択をするにしても、販売の推移予想や財務状況などを勘案しなければなりません。物流子会社や3PL会社に、的確にこのように実行したいとスキームを伝えないと、本社の考えと全く違うことを行うことも出てきます。

また、キャッシュフローを勘案し、在庫を削減しようとする際に、在庫拠点を絞り込んだり、TC（トランスファーセンター）を設置したりして、物流ネットワークの再構築をします。その時、大抵の場合、顧客からの受注から納品までのリードタイムが変化しますので、販売戦略と照らしあわせ、調整する必要があります。

戦術レベルの物流管理は、会社が立てた物流戦略通り

に実行するためのものです。想定される物流コストや品質レベル以内に抑えるように、現場とのミーティングを頻繁に持ち、改善を促していきます。また、物流ネットワークの再構築が指示された時に、決められた期限までに倉庫を統合するのも、この仕事です。

戦闘レベルの物流管理は、日々果たさなければならない業務を着実に実行するためのものです。今日出荷すべきものを出荷し、人時生産性を向上させるように現場への指図をします。毎日、朝昼午後などにミーティングを行い、進捗を見ながら、人の融通をしたりします。

当然、3つのレベルは明確に分かれているわけでもありません。ただ、私が接したことのある、物流が進んだ会社では、大抵3つに分かれています。ある会社では、SCM戦略室と物流部を分け、さらに物流子会社を持っていました。

部門別にみた物流——物流、営業、総務

物流というと、仕入れ（調達）、製造、販売と、その会社が持つ製品に関わるだけのものと思われがちですが、それだけではありません。製品に関わるものだけの物流は、物流部が管理していると思いますが、企業内で発生する物流は製品に直接かかわるものだけではありません。

営業部でも物流は発生します。典型的なのは、販促物の物流です。例えば、全国のスー

パーで新しい納豆を販売しているとして、そこにＰＯＰを付けるとしましょう。初回は、「新製品。○○が新しい」というＰＯＰを付けていました。しばらくすると、著名な司会者が「この新しい納豆は体に良い！」とテレビで言ったとします。そうしたら、当然売れます。ただ全員が知っているわけではないので、「○○さんが、この納豆が体にいい！と絶賛」などのＰＯＰに付け替える際に、全国のスーパーにそのＰＯＰを送り込みます。これは営業部が考えて、倉庫すら通らずに、直接印刷会社から送り込まれます。

新しい飲料の試供品を街頭でサンプルとして配る際に、キャンペーンガールを使うときがあります。その際の試供品の物流は誰が仕切っているのでしょうか？　大抵は営業部門、または営業部門が委託したＳＰ（セールスプロモーション）会社です。

まだあります。総務部でも物流が発生します。営業所間での書類のやりとりや、本社内での郵便物の各部門へのデリバリーなど、会社の規模が大きくなればなるほど、総務部管轄の物流は増えます。営業所間の物流は、社内便とかメール便とか会社によって、名称が変わると思います。この料金は、通常何もしなければ定価になっています。しかし、これらを総務部が1営業所ずつ見積もりを取り、交渉すれば、ディスカウントを得ることができます。

本社など大きな営業所内では、郵便物や宅配便を各部門に届けるために、メール室のようなものを持ったりして、専任または兼任の人が運んでいると思います。また、各部門からの発送もそうだと思います。少し前までは、発送に関しては、各部門で宅配会社に連絡して引き取りに来てもらっていましたが、テロなどのリスクを考慮し、多くの会社では各部門への引き取り（集荷）はNGになりました。それだけでなく、各部門でバラバラに集荷をお願いするより、総務から一括で見積もりをとって、1社に集約したほうがコスト削減になるので、メール室が集荷し、一括で宅配会社に引き渡す方法が増えています。

このように、物流部の物流、営業部の物流、総務部の物流と3つの部門が所轄する物流があります。

2—物流のKPI

物流KPIは企業ごとに違う

なにかを管理するのに、数値管理はとても有効です。数値管理ができると、マネジメントサイクルと言われるPDCAが行いやすくなるからです。このPDCAとは計画（Plan）、実行（Do）、確認（Check）、修正（Action）を繰り返すことです。

例えば、新しい取引先に納品する際に、チャーター車（貸切トラック）を手配するとしましょう。そのために見積もりをとって、会社を決め、段取りをします（計画）。そして、実際に注文を受け、チャーター車で納品します（実行）。きちんと想定したように納品されたかとヒアリングします（確認）。そうしたら、予定時間より遅れてきたということで、次回からは少し早く出発するように段取りを変えました（修正）。

これが、ＰＤＣＡです。ＰＤＣＡはサイクルで繰り返されます。

これを数値管理で行うともっと明確になります。例えば、先の例で説明しましょう。納品先には決められた時間で納品することが必要です。それが「プラス10分」なのか「プラス20分」なのか「マイナス5分」なのかを毎回確認して、修正をしていくことで、プラスマイナス20分だった納品時間を、プラスマイナス15分、プラスマイナス10分と少しずつ納品時間の精度を上げていくことができます。

その数値管理のために、物流ＫＰＩというものが日本ロジスティクスシステム協会と流通研究社という2つのグループによってまとめられました。それぞれの視点が違うので、微妙に違いがあります。

ただ、物流会社の場合や、メーカーの場合や、小売業の場合や卸売業の場合でも、優先することの順番が変わります。小売は店頭欠品を意識するでしょうし、メーカーはコストを意識するでしょう。だから、優先する物流ＫＰＩは違います。また、企業は、人の性格と同じで、それぞれで考え方が違います。低価格志向の人と高級志向の人がいるように、企業にも、コスト志向と品質志向の会社があります。もちろん、どちらか片方ではなく、どちらを優先するかが違うということです。

企業の考え方で、物流ＫＰＩが決まりますから、教科書に載っている物流ＫＰＩの通りにする必要はなく、参考にしながら、自社の物流ＫＰＩを作ってください。

物流KPIの必要性

そもそもＫＰＩ（重要業績評価指標）は企業のビジョンを達成させるための指標です。企業には、売上をいくらまで伸ばすかという成長性や、利益率を何パーセントまで上げるかという収益や生産性に関する定量的なビジョンと、事業基盤の確立や顧客満足の実現などの定性的なビジョンがあります。

戦略経営のための管理システム（ＢＳＣ）においては、ビジョンが設定されれば、その達成のための戦略として何をしていくのかを見極めるために、内部経営環境や外部環境の状況からＳＷＯＴ分析やクロス分析を行い、戦略の策定とその実現のための目標を描きます。

具体的には、①企業の成長性や収益性である財務に関する目標、②顧客満足度を上げるための商品好感度に関する目標、③市場開発への取り組みや従業員モチベーションアップのための教育に関する目標、④マーケットコミュニケーションや物流に関する業務プロセスの目標を描きます。

そして、戦略実現のために何に対してKPIを設定すればよいのかを十分に検討、決定し、目標達成し得る数値を設定し、戦略目標実現に向けてPDCAによる管理の下、実行されていくのです。

このように企業の戦略実現のための業務プロセス目標設定には、物流も含まれてきますので、物流におけるKPIの設定は、企業のビジョンによって決まってくるのです。

物流部門に目標やビジョンを持つことの大切さは、企業の戦略と同じです。勝つ企業になるためには、物流部門も企業の戦略に基づいた戦略物流思考を持ち、それに則った物流KPIが必要となるのです。

物流KPIと単なる目標との違いは、企業方針に関連づけられた物流重要業績評価指標なのか、そうでないかの違いです。企業のKPIが売上倍増であれば、物流KPIもそれに関連して欠品率や納期遵守率などになりますが、この場合、物流コストに関するものはKPI

とはいえず、単なる目標値でしかありません。

具体的な物流KPI

物流部門で設定できるKPIは、大きく、品質とコストと時間の3つに分かれます。いわゆるQCD、品質（Quality）、コスト（Cost）、納期（Delivery）のことです。

品質に関わるKPIとしては、正しい商品が正しい数量でユーザーに配送されているかを示すものとして、誤納品率や、欠品率、商品事故率が挙げられます。算出方法は、倉庫での作業中（出荷前）なのか、配達時点（出荷後）なのかで変わってきます。

前者では、誤納品の原因となる誤品や誤アイテム、誤数の行数を出荷行数で割り、欠品率もピッキング時点での欠品行数を出荷行数で割った数値を使用します。点数よりも行数（つまりピッキングリストの行数）を使用するほうが良い理由は、出荷単位の異なる商品のミスカウント点数（例えば、1ケースと1ピース、1ケースと1キログラムなど）の合算はできないからです。商品事故率（破損、濡損など）は、出荷または保管単位（ケース、ピース、質量など）が一律であれば事故数量を保管数量で割ります。様々な単位で保管をしている場合には、事故アイテム数を在庫行数で割る方法もありますが、在庫行数が少ない場合、月当たりの事故の発生件数を使用するほうがよいでしょう。

後者では、クレーム件数という見方をしますので、誤納品件数、欠品件数、事故件数を出荷件数で割ります。

品質に関するKPIの単位は、最近では教育の充実やシステムの整備によって、出荷精度が大幅に向上し、これまでの%（100分の1）ではなく、ppm（100万分の1）を使用する企業が増えています。ミスがオーダー単位で1万個に1個以下になっている企業も増え、%表示ですと0・01%以下、ppmですと100ppm以下で表示されるため、小数点表示による%では、ミスの度合いがわかりにくくなってきているためです。

次に、コストに関わるKPIでは、①人件費や配送費、保管料、荷役料、資材費、通信費、消耗品、電気代、光熱費など、物流活動でかかる費用を実額で指標とするものと、②1人当たり何個出荷したか、何件出荷したか、Aという作業工程では何分かかったかなどの生産性で見る指標があります。

①は売上高に対する物流コストの比率を算出し、指標とする企業も多いですが、これは、他社の取り扱う商品や価格が自社と異なるために、単純には比較することができません。また、商品戦略によって、販売価格を下げた場合には、比率は当然上昇しますので、その時点で指標を見直さなければなりません。

②の場合は、作業の生産性を見るための指標ですので、商品価格や出荷量の増減による影響は、あまり受けません。

①のコスト算出方法を簡便法、②の方法を物流ABCといいます。

また、在庫もコストに大きく影響するために、在庫回転日数や、平方メートル当たりの在庫点数や保管料などを見ることもあります。

最後に時間に関するKPIは、リードタイムになります。納期遵守率がそうです。納期遵守率は、クレームによって発覚するものと、納品先ごとに配達時間が決められている場合の自社管理において、予定時間の範囲内に納品できたかそうでないかでカウントします。

前者は遅延、延着と、稀に早納があり、時間に関するクレーム件数を配達総件数で割ります。後者は、配送員からの報告（口頭や日報）件数を配達総件数で割ります。両者とも、配送員（または配送コース）単位での管理もできます。

以上のように、品質と時間は企業の顧客満足度に関わる物流KPI、コストは企業の利益（収益）に関わる物流KPIになります。

3——物流コストを算出しよう

物流コスト算出はなぜ必要か

物流ＫＰＩのところで前述したように、マネジメント（管理）は数値で行うのが効果的です。その数値もたくさんの種類があります。ＱＣＤ、すなわち品質・コスト・納期の枠の中にいろいろな種類の数値があり、どれを優先するかは、企業によって違います。

ただこの中でも、物流コストは、どの会社でも重要視すべきものです。なぜなら、経営は「資源（リソース）の再分配」と言われています。そのリソースには、ヒト・モノ・カネがありますが、その中の「カネ」、すなわち資金をどう物流に再分配するかは、物流コストがわからないと考えられないからです。また、利益を出すためにも、コストセンターである物流のコストを下げないといけないので、ＰＤＣＡで物流コストを注視して当然だからです。

この物流コストを月次で算出することで、ＰＤＣＡでコストを下げるための施策を組めます。さらに、施策を実行して、実際に下がったかどうかも検証できます。だから、物流コスト算出は必要なのです。

でも、数値で物流を管理している会社は意外にも少ないのが現状です。物流に関しては、大きな会社であれば数値で管理しているとは限らないのです。売上が数百億円の会社でも、自社の物流コストがわからないと言われる時があります。また、たとえば「うちは2・1%」などと言われる時がありますが、物流の専門家の私から見て、「そんなはずはない」と思う時も度々です。

予算管理をしている会社でも、物流コストを正確に出せていない会社が多いのです。なぜなら、「予算実績の積上げ＝物流コスト」ではないからです。

今一度、物流コストをせめて月次で算出してみてはいかがでしょうか。

物流と企業の会計（物流コストの捉え方）

自社の物流コストはいくらかかっているのかと、いきなり経理部に問い合わせてみても経理部での把握は難しいのが現状です。物流を重視している企業では、システムによって管理され、経理部でも把握している場合もありますが、財務会計の帳票である貸借対照表や損益計算書から割り出すことは、実質困難だからです。

財務会計における帳票には、貸借対照表と損益計算書があります。貸借対照表においては、流動資産における在庫（商品、製品、仕掛品、貯蔵品等）金額や、固定資産としての建物、建築物、機械、装置、車両、運搬具、工具、備品、土地などが、全社で合算されており、個々のセンターごとに割り出せません。また、流動負債にも、支払期日がこれから先の日付になっている物流協力会社や倉庫不動産会社への支払金額等が、未払金の中に含まれています。

また、損益計算書においては、売上原価や製造原価の中に、調達物流費や在庫費用が他の費用と合算されていますし、販管費の中に、社内物流費（売上・製造原価に含む企業もある）や販売物流費が他の経費と合算されています。

そのため、自社の物流コストを財務部や経理部に問い合わせてもわからないのです。

また、上場企業ならともかく、非上場企業においては、財務諸表を社内でも公開されることは多くありません。

よって、物流コストは管理会計から情報を得ることになります。管理会計は、社内の経営者や部門責任者に対してその経営管理に必要な会計情報として提供されるもの、あるいは、その部署で欠かさず管理している項目です。管理会計では、物流拠点毎に、人件費、配送費、保管・流通加工費、資材費、自家倉庫費やマテハン費用、情報処理費などにおいて、さらに細分化した費目を見ることができます。

管理会計で合算された物流コストを売上額で割ると、対売上物流コスト比率として、また、出荷個数で割ると、個当たり物流コスト比率として、管理すべき指標ができます。

ここまでの管理会計で捉えることができる物流コストは簡便法といわれる方法です。物流コストの捉え方として、もうひとつ、物流ABCがあります。ABC（Activity-Based Costing）は、活動基準原価計算といい、物流における活動（作業工程）毎にコストを集積し、活動毎に原価を計算する方法です。簡便法から算出された費目別コストをベースに使うことができます。

物流コストのデータをどう活用するか（物流コストの改善法）

簡便法では、改善項目を決める方法として、まずコスト構成項目毎のチェックリスト（ベンチマーク）から、数値を評価する方法があります。詳細は中小企業庁がホームページで「わかりやすい物流コストの算定マニュアル」を公開しています。例えば、人件費の改善の視点として、前期との対比でどうだったたか？　作業の二度手間が発生していないか？　手待ち作業が多くないか？　カンバンがあるか？　受注締め時間が守られているかなど、人件費増の影響を及ぼす内容があります。また、配送費の改善の視点として、前期より増加したか、緊急出荷が多く割高になっていないか、着払いが多くなっていないか、出荷ミスによる再出荷が増えていないか、など、配送費増に影響を及ぼす要因が挙げられています。これらをチェックして心当たりのある費目を改善項目に挙げるとよいでしょう。

次に目標値から達成度をチェックする方法があります。各費目に割り当てられた予算額が、実額と比較した結果どうだったのかを評価します。未達成だった費目に対し、原因追及と対策を立てていきます。トータル物流コストのみの予算決めとして、次期は3％ダウンだ！と決めることはやめましょう。出荷数量が増えれば、当然、物流コストも増えるからです。次期の出荷数を予測し、どの費目がどのように増減するのかを見極めたうえで、各費目予算の積上げによるトータル物流コスト予算を出しましょう。

物流ＡＢＣでは、例えば、梱包という工程でのコストは、梱包した人の人件費、梱包場所の使用面積当たりの賃料、梱包に使った資材や設備の費用の合計が原価になります。また、原価を基に、人時生産性として1人1時間当たり処理数量を割り出し、処理数量基準を決めることで、人によってばらつきのある作業処理数の底上げに役立てることができます。また、1梱包当たり何分かかっているのかを割り出し、標準時間を設定することで、作業時間の底上げもできます。この1人1時間当たりとか、1梱包当たりなどを単価といいます。

標準値内に収まらなかった場合でも、現在のレベルがどの位置にあるのかを把握しましょう。あと1歩でクリアできるのなら、士気の向上で持ち上げることができるかもしれません。しかし、全く標準に到達しない場合、基準の見直しと抜本的な作業改善が必要になります。物流ＡＢＣでは、それぞれの度合いによる改善案も出すことができるのです。

コスト改善の注意点

配送費削減のための手法として、運送便を集約する方法があります。複数取引している運送会社を1社、または数社にまとめ、ボリュームディスカウントする方法です。

しかし最近、ある企業では、複数ある物流センターを集約したタイミングで運送便も10社から1社に集約し、集約した運送会社に、月５００万円も払うようになったのですが、なんと、対売上高物流コスト比率が前年対比５％上がったのです。

原因を調べるため、請求情報を取り寄せ、運賃分析したところ、確かに、基本運賃は下がっていたのですが、諸料金がたくさん付加されていたほか、諸料金単価も値上げされていました。燃料高騰によるサーチャージも付いていました。このような場合は、せっかく運送便を集約しても全く意味がありません。運賃改定時には、相手方運送会社の営業担当の巧みな話術に騙されたと、後になって後悔しないよう、場合によっては専門家に事前に相談しておくべきでしょう。

物流外部委託（アウトソーシング）もコスト削減の1つの方法ですが、これにもリスクがあります。

まず、アウトソーシング前の自前の物流コストを正しく把握しておかなければなりません。物流コストは運賃や家賃だけではありません。物流に携わっていた人員の人件費の把握や資材等の費用、情報処理費、リフト等の減価償却費なども物流費として計算しておかなければ、いざ、アウトソーシング先から請求を受けたときに、びっくりするほど、高い金額と見えてしまいます。アウトソーシング先は、当然、そこで働く従業員の人件費も、情報処理費も、リフト使用料もすべてある料金項目に含めて請求します。これまで生産部門や販売部門に埋もれていた物流コストが、これからは、支払物流コストとして顕在化します。

また、従来の人員、倉庫などの資産、リフトなどの機材の転用方法も決めておかなければなりません。自社で配置転換するのか、資産を売るのかどうするのか、機材などをアウトソーシング先に売るのかどうかなどです。

在庫は物流コストに大きく影響する

企業は製造や販売に必要な原料（材料）を調達するのに、資金を投入します。次に調達した原料を保管するために、さらに資金と人を投入します。そして仕掛品を保管するために、そこへの移動費用や保管費を投入します。そして完成した製品（商品）を在庫するために、また新たに移動費や保管費を投入します。そして製品（商品）を販売するために配送費を支払います。また、売掛金を回収、収受することで、新たなキャッシュフローが生み出されます。

こうして、現金↓在庫↓現金になることを在庫が回転するといいます。新たな資金は次の調達～保管～販売～売掛金～現金を生み出します。こうしてみてみると、在庫はまさに現金と同じなのです。

在庫が順調に売れるかどうかは会社における重要な課題なのです。製品が売れないと売掛金が回収できません。また、売れ残りが多く、価格を下げて売ると、予定していた売掛金の回収が少なくなり、つぎへの資金投入ができなくなります。

さらに在庫を長期間保有するということは、保管コストが余計にかかるほか、製品の陳腐化や破損リスクを伴い、キャッシュフロー（資金循環）が悪くなり、次の投資のために借金を増やしていくと、いずれ企業は破綻します。

余談ですが、コストに敏感な物流業者は、倉庫内の商品が急に動かなくなってきた（＝出荷に対する売上が低くなってきた）と感じたら、荷主企業への信用調査をし始めるのです。

4―在庫管理の基本

在庫数の管理

前述したように、在庫とは、所有者の資産（お金）です。お金を預かっているのと同じです。よって、在庫管理とは、所有者に代わって資産を管理することなのです。在庫管理によって所有者から保管料をいただいているのです。在庫差異とは、帳簿上で管理されている在庫数と倉庫に保管されている実在庫数が一致しない状態をいいます。よって、在庫が合わない、特に実在庫の方が少なかった場合、所有者の資産（お金）をなくしてしまったことになります。よって、在庫管理は物流にとっても重要な管理の位置付けに入ります。在庫はよく回転していれば、所有者のキャッシュフローがよいとされます。また、倉庫現場にとっても作業スペースの確保ができ、効率のよい作業ができるのです。アウトソーシング先の企業にとっても収益が上がる（作業料が増える）ことになるので、在庫回転数や在庫回転日数を物流でも在庫管理の指標とするのです。

ロケーションの管理

ロケーション（番号）管理とは、棚番管理ともいい、商品の保管されている棚に番地を付けてあげることで、商品を探しやすくするものです。営業担当や荷主から実在庫を調べるよう、要請があったとき、どの柵の、どの場所（下から何番目、右から何番目など）にどんな商品がいくつ保管されているかを見つけるために必要になります。ロケーション番号の付け方によっても、商品を探す、という作業の効率が変わってきます。ロケーションが設定されていない場合とされている場合では、当然、探すスピードに天と地の差がでます。ただし、ロケーションは多品種を取り扱う倉庫では、システムで管理しないと意味がありません。

ロケーション管理には、固定ロケーションとフリーロケーションの2つの方法があります。固定ロケーションとは、ある決められた番地に決められた商品を保管する方法です。アイテム対番地が1対1の状態をいいます（延長在庫として1対2、ストックヤードがあれば、1対3以上になる場合も稀にある）。在庫を調べるのに、1つまたは2つ程度の番地に立ちよれば、保管されている商品に出合えます。しかし、フリーロケーションの場合、システム化された在庫管理が条件となりますが、空いている棚に、在庫する商品を入れる方法で、複数のロケーションから同一商品が見つかりますので、商品を探すのに、固定ロケーションよりも時間を要します。本などの小物を保管する軽量ラックでの管理に適しており、保管スペースを効率的、有効的に利用するのに最善の方法です。

在庫量を減らす管理法

販売の機会損失や欠品防止のために在庫を多めに保管することは、営業部署にとっては、当たり前の考えかもしれません。しかし、在庫もコストであることを考えれば、過剰な在庫をもつことはダメです。そうならないためにも商品毎の安全在庫数の設定が必要となります。安全在庫数とは、仕入れにおける入荷時点において、過去の出荷数量から何日分の在庫を持っていればよいのかを推定し、算出する方法です。発注時点から、商品が入荷されるまでのリードタイムを割り出し、逆算して発注日と発注数量を決める方法で、在庫を極力減らしていくことができます。

また、半年から1年以上保管されている不動在庫で、特に流行性のある商品であれば、思い切って処分することをお勧めします。日雑品を取り扱うある商社での指導においては、歩行さえも困難な物流センターを効率化するために、不動在庫を処分させ、外部倉庫で保管していた回転の良い商品を持って来させたところ、出荷時間も短縮し、これまで多く支払っていた人件費を大幅に削減することができました。外部倉庫では、保管スペースの縮小によって、保管料の削減に貢献できたのです。

在庫をもたない卸売や小売企業が増えてきたのも、低価格商品の開発、販売という戦略における物流コストを重要視し、削減していくことでできるようになったことが挙げられます。

在庫を減らすには、物流部門だけでは成し遂げられません。在庫削減プロジェクトを立ち上げ、全社協力の下、横断的なコミュニケーションが必要だからです。

まず在庫精度を上げる

在庫精度は、定期的に行う全数棚卸時の数量差異が多いか少ないかの数値と、毎日の欠品率で管理することができます。在庫差異で在庫精度を管理するには、棚卸して、各アイテムのコンピューター在庫と現物在庫の数の差を絶対値で合計し、全コンピューター在庫数で割って計算します。これは厳しく見るための計算法で、簡易的には全コンピューター在庫と全現物在庫の差を分子とする企業が多いです。

一方、欠品率の算出法は以下の通りです。

$$欠品率（\%）=\frac{当日欠品行数}{当日受注行数}\times 100$$

欠品率が下がったら、在庫精度が上がったということです。

注意点は、データを取り始める前に日々の出荷行数をシステムで算出できるようにしておくことです。ある日の受注行数が２００行、欠品が5行であれば、５÷2000＝0.25％になります。ミス率はｐｐｍを使用する企業が増えてきたと先ほど説明しましたが、欠品率は、分母が小さいため、ｐｐｍを使用すると、この例では、２５００ｐｐｍとなり、％と比較すると大きな数字に見えます。だから改善意欲も上がります。

さて、在庫精度を上げる方法をいくつか紹介しましょう。

まず、入荷検品で在庫精度を上げる方法があります。初め良ければ終わり良しという言葉があるように何事も最初が肝心なのです。商品の入荷時点において入荷検品を確実に行うことです。方法としては、①仕入先から入荷情報をもらうことで入荷予定日の段取りができる、②情報によってスピーディな検品ができることが挙げられます。検品は最重要で、入荷予定表で類似商品を事前にチェックします。ＪＡＮコードがあれば、有効利用しましょう。入荷時に、オリジナルバーコードを貼り付ける際は、対応する商品に確実に張り付けましょう。どこまで検品を行うかで、在庫精度は変わります。最後に、入荷商品を正しい棚に格納することです。棚番と商品コードをしっかりと紐付けし、できるだけ、同類商品は隣同士に保管しないなど、出荷時のミスを想定した対応も必要です。

全品を検品できない現場も多くあります。その場合、欠品率の高い商品を納入してくる仕入先をリストアップし、抜き打ち検品してください。意外と仕入先の体質で、誤納品されているケースも多く見受けられます。

在庫差異の最も大きな要因は、出荷時のピッキングミスや検品チェック漏れによるものです。ハンディ端末を使用していない現場では、作業員の思い込みによるミスが起きがちです。目検品も思い込みです。この思い込みを防止するためには、商品と商品名をＯＪＴで再度確認することや、間違いやすいアイテムの棚に注意書きを貼り付ける他、指先呼称や、視力の悪い方には、度数の合った眼鏡を、ご年配者には、老眼鏡を装着してもらう、照明が届かないロケーションには、照明器具を取り付けるといった方策など、ありとあらゆる対策をとります。それでも一向に減らない場合は、機械による検品システムを導入することを検討しましょう。

他にもピッキング時は欠品だったが、よくよく探したところ、他のロケーションから商品が出てきた、不動在庫置き場の一番奥から出てきた、ということもあります。全フロアを細かくエリア分けし、番地を振っておくことも必要です。補充タイミングや、棚に入りきらない場合どうするかなど、保管する時のルール決めは極めて重要になります。

第6章　人材育成と物流品質

本章では、物流の人材育成と品質管理の基本について説明します。

1――顧客満足度を高める物流改善

顧客満足度を高める物流改善のためには、4つのポイントを押さえていくことが重要です。

1　物流の大切さを知る
2　物流の意味を知る
3　（物流改善を）徹底する雰囲気をつくる
4　（物流改善の）意義を理解する

これらを達成することができれば、生産性は劇的に上がります。ゆっくり歩いていたスタッフが、誰が指示するともなく小走りになります。そればかりか、継続的にやっていこう、新しく入るメンバーにも伝えていこう、そういう雰囲気が、現場のチームのなかに醸成されていきます。

1 物流の大切さを知る

少し前までは、「物流は大事なんだよ」「世の中を支えているんだよ」と言っても、わかってもらうのに苦労したものです。

たとえば、大学生に「物流とは何か」という話をしていても、コンビニエンスストアの前に止まっているトラックくらいしかイメージできません。「ふだんよく利用している宅配やネット通販も、物流がないと利用できなくなりますよ」というと、「そう言われればそうですね」とようやく返ってきます。

ネット通販の物流倉庫では、パートタイマーや派遣社員の方たちが商品のピッキングをすることが多いのですが、彼ら彼女らに「ピッキングは物流の重要な一部なんですよ」と説明してもなかなか理解してもらえませんでした。

しかし、この1、2年で様子が変わりつつあります。

テレビのニュースでの報道はもちろん、情報番組、バラエティ、ワイドショーなどでも、日常的に物流に関する話題が取り上げられるようになりました。もっとも、宅配ドライバーによるネット通販商品のぶん投げ事件、宅配便の再配達問題、ヤマトショック（ヤマト運輸の27年ぶりの値上げ）といった、物流のネガティブなところから注目され始めたので、喜んでばかりではいられないのですが、物流の大切さを理解してもらう絶好のチャンスだと思っています。

２０１７年は宅配便の再配達問題がいろんな番組で取り上げられました。物流の専門家として、私も頻繁にコメントをさせてもらいました。

この再配達問題はネット通販の急増が引き金になっているだけに、ファッション、健康食品、化粧品の通販をよく利用している層に身近な話題として広まりました。それに、いまは日用品、トイレットペーパー、洗剤、水、食品など、以前であれば、スーパーやドラッグストアで購入していたものでも、ネット通販で簡単に購入できますから、宅配便の受け取りは、だれにとっても他人事ではなくなっています。

宅配ドライバーの過重労働は自分が頼んだ商品に影響を与えるかもしれません。物流の現場で働いている人一人ひとりの工夫が、ネット通販の効率的な配送につながることもあるでしょう。もし宅配便が届くことがわかっていたら、「出かけていても再配達してもらえるのだから」ではなく、再配達なく受け取れるよう、利用者が心がけるだけでも、再配達問題は少しずつ改善されていくと期待しています。

ここ数年、大きな被害をもたらす自然災害が毎年のように発生しています。「東日本大震災」（２０１１年）は言うに及ばずですが、熊本城にも被害が及んだ「熊本地震」（２０１６年）、北海道や中部地方にも記録的な豪雨をもたらした「西日本豪雨」（２０１８年）、関西国際空港の機能が一時完全にストップした「平成30年台風21号」（２０１８年）、道内のほぼ全域で電力が止まった「平成30年北海道胆振東部地震」（２０１８年）など、インフラは分断され、物流機能がマヒし、急いで救援物資を届けたくてもそれさえも難しいという現実が、いまやデジタルネットワークを活用するさまざまなメディアを通じて広く伝わりました。

また、都内に限っていえば、数センチの積雪があっただけでも、「コンビニにモノが並ばない」という状況が生まれます。それだけ「日に何便」という物流にコンビニが支えられていることの裏返しですが、〝24時間いつでもモノが切れることのない〟コンビニに慣れてしまっている都会人には、「コンビニに商品がない」というだけでも、生きていくための不安を感じるのには十分な衝撃です。

ビジネス誌や日経新聞でも、物流に関するテーマを扱うことが多くなりました。以前は、個別企業(たとえば、ヤマトホールディングスとか、日本郵便とか)のニュースで取り上げられることはあっても、物流がメインになることはほとんどありませんでした。しかし、いまは物流を軸に経営戦略を作り直す企業が少なくありません。ニトリホールディングスやアイリスオーヤマのように、大半の企業が低成長に悩む時代にあって勢いよく成長を続けている企業は物流を重要視しています。世界最大のネット通販企業のアマゾンの特集でも、物流視点から取り上げられることが多くなっています。

私は「物流がビジネスモデルを決める」という考え方を基本にもっていますが、「物流がなければ、ビジネス戦略が立案できない」「物流のことがわからないと、儲かる事業にできない」、そう考える経営者の方も増えてきたと感じています。

2　物流の意味を知る

物流(あるいは商品の配送)というと、まだまだコストや生産性の話(いかにコストを下げるか、生産性をアップさせるか)になってしまうことがあります。しかし物流は単なるコストセンターではありません。物流次第で、販売力アップをめざせます。競合する他社との差別化や、利益を稼ぐ部門として、物流を位置付け直すこともできます。

たとえば小売業の場合、お店にひとつの商品を並べただけでは売上げは増えていきません(もちろん例外的にはあるでしょうが)。比較対象になる商品をはじめ、いろいろな商品が並ぶことにより、お客様にとって買いやすさが増し、その結果、売上げアップにつながっていきます。しかし、いったんその買い物環境が崩れてしまうと、売上げは落ち込んでいきます。そのため、商品の配送頻度を上げたり、店舗に在庫をもつことにより、ベストな売場を維持できるようにするわけですが、物流機能の使い方次第で、売上げをさらに上げることも可能になるのです。

これは極端な例ですが、お店に届けることで完結してしまうのと、その後の売上げを考えて物流の使い方を工夫するというのとでは、お店から見た位置づけがまったく変わります。前者は「物流は作業」という考え方、後者は「物流は企業戦略」という考え方につながります。もちろん前者が大切ではないということではなく、後者のような考え方も取り入れていく必要があるということです。

費用もわかりやすく、利便性の高い宅配サービスの登場により、個人間の荷物のやり取りだけでなく、通販会社が商品の発送に使ったり、企業間同士のやり取りでも宅配便を利用する機会が増えてきました。

自宅で商品を受け取るとき、あるいは職場で荷物を受け取るときを想像してもらうとわかりやすいですが、そのとき、もし仮には梱包された箱が傷んでいたり、汚れていたとしたら、あなたどう考えますか。宅配会社やドライバーに問題があると考えるか、その宅配会社に頼んだ通販会社や取引先が悪いと考えるでしょうか。反対に、すごくていねいに届けてもらったとしたらどうでしょう。

配送会社やドライバーのイメージが、そのまま通販会社や取引先に対する評価につながっていると思いませんか。

トライベック・ブランド戦略研究所によれば「運送会社のブランド力またはイメージは、必ずそこを使っている会社のブランドやイメージにつながる」と言われています。つまり、外部に委託しているから（商品を出荷して以降は）自分たちには関係ない、ということにはならないのです。

ネット通販の会社であれば、商品がお客さんの手元に届くまで、その会社のイメージや評価に含まれるということです。言い換えると、そこまで考えるのが、物流を考えるということなのです。

3 （物流改善を）徹底する雰囲気をつくる

ユニクロを展開するファーストリテイリングは売上高2兆円を超えたいまも成長を続けています。代表取締役会長兼社長の柳井正氏は、成長の秘訣を聞かれたときに、よくこう話しています。

「やっていることはどの会社でもいっしょだと思うんですよ。われわれはそれを真剣にやっているし、そのことを徹底しています」

つまり「商品の企画をつくり、デザインして、海外で生産して、チラシをつくって、販売する」。この一連のプロセスを、愚直に、努力し、継続しているだけだと。

ファーストリテイリングの強さは、この徹底力、継続力にあると、私は考えています。同社に限らず、成長する企業というのは、こだわりをもち、もう一歩のつっこみができる会社だと思います。

物流改善についても考え方は同じです。

一所懸命、同じところで頑張れば、深掘りができる。物流改善への道はどこにでも糸口があり、それを徹底してやり続けることです。

よく社内で話すこととして「物流のＡＢＣ」があります。

「当たり前のことを、バカになって、ちゃんとする」ということですが、イー・ロジットの場合、たとえば「あいさつをきちんとする」ということがあります。

「あいさつくらい、だれでもできるだろう」と思うかもしれませんが、自分はできていると評価している人が意外とできていなかったりします。当社では5点満点で自己評価していますが、自信をもって「5点」をつける人のほうが、きちんとあいさつができていないケースが多くあります。当社の基準は「元気よくあいさつ」は「3点」。「必ず相手の目や顔を見る」ができないと「5点」にはなりません。

ドライバーさんの点呼のとき、声が明るいだけでは体調の良し悪しはわかりません。顔をしっかり見て確認する必要があります。あいさつでも同じです。ただ言葉を交わすだけでなく、相手の顔をしっかり見て、「今日の体調はどうか」「気持ちが乗っているか」をお互いができなければ、あいさつをしている意味がないと考えています。

宅配便最大手のヤマト運輸のある営業所では「上司の顔をしっかり見て、あいさつする」決まりがあります。元気かどうか、体調に影響はなさそうか、あいさつをする間に、上司が部下の最低限の健康管理もチェックするのです。同社では「あいさつ」を通して「あいさつ以上」の確認をしているのです。

私は「物流品質＝最善の方法×繰り返し数」と考えています。

最善の方法を伝えるのがリーダーで、それを実践するのが現場の人たちです。その組み合わせによる繰り返し数が増えていけば、物流品質も高まります。たとえば、今日、初めてやる人と、100回やっている人とでは、後者のほうが圧倒的に高い品質を提供できるというのは、だれにもわかりやすいことだと思います。

そうすると、物流品質アップのカギは、リーダーやスタッフの人たちに「長く勤めてもらう」ということになります。

しかしながら、昨今の日本では、あらゆる業種、業界で人手不足状態にあり、採用活動が厳しくなっています。スーパーやコンビニのパートやアルバイトの場合、これまで以上の時給を支払う条件を提示していても、人の確保はままならないといいます。

そうした環境下で、どうやって現在の従業員の人たちに長く勤めてもらうのか。

そのひとつの答えがスターバックスにあると思います。

スターバックスは「人々の心を豊かで活力あるものにするために一人ひとりのお客様、一杯のコーヒー、そしてひとつのコミュニティから（To inspire and nurture the human spirit-one person ,one cup, and one neighborhood at a time.）」をミッションに掲げています。

そして「サードプレイス（第三の場所）」がスターバックスのキーワードになっています。サードプレイスというのは「家でもなく、会社でもなく、その次（3番目）に落ち着ける場所」という意味で、スターバックスを長い時間くつろげるような、もっとも居心地のよい場所にすることがコンセプトになっています。

私は日本でも、アメリカでも、ふだんからスターバックスをよく利用していますが、従業員がスターバックスの品質をつくっていると、日ごろから感じています。注文カウンターに行くと、彼ら彼女らは必ずこちらの目を見て、しっかりあいさつをしてきます。お店とお客の関係のように「いらっしゃいませ」とは言いません。また商品を受け取る際には「行ってらっしゃい」が基本です。この心地よさは、言葉ではなかなか言い表せないのですが、個人的にはこの「サードプレイス」にすっかりなじんでしまい、1日のうちに何軒ものスターバックスをはしごしていることがあります。

あるとき、アルバイトで家庭教師とスターバックスの店員の両方を経験したことのあるスタッフに聞いたことがあるのですが、「時給は家庭教師のほうが圧倒的に高いが、スターバックスは時給が低くても楽しかった」とうれしそうに話していました。スターバックスではそういう雰囲気作りが上手にできているのだと思います。

「スターバックスは、多くのコーヒーチェーンとは違います。サードプレイスなんです。その違いをつくるのはあなたです。そのためにあなたの仕事があるんです」

こうした会社の思いが、お店のスタッフにしっかり浸透しているということでしょう。それには会社の日ごろからの行動も影響していると思います。

たとえば、2005年8月末、「ハリケーン・カトリーナ」がアメリカ南東部を襲ったときのことです。シアトル本社で予定されていた幹部会を被災地に変更し、その期間、社員の半分はボランティアに出かけ、残りも研修という名目で被災地の店舗のヘルプに回りました。2011年の東日本大震災時には、在日外資企業の幹部は本国に戻ってしまったのに対し、スターバックスの当時のCEOハワード・シュルツ氏は、シアトルから被災地を見舞いに訪れました。

こういった行動からも「(スターバックスは)家でも会社でもないけれど、サードプレイスを提供する会社」をめざしているということが、伝わってきます。

もちろん同社は社員にやさしい会社としても知られています。

アメリカには日本のような健康保険制度はありません。「保険は自分でかけるもの」という意識が浸透していることもあり、従業員の社会保険への加入はコスト増につながるため、企業ます。

の自由加入です。しかし、スターバックスの場合、週20時間以上働く人は、全員、加入していきています。

このようにスターバックスでは、さまざまなシーンで、スターバックスらしさを体現していることがわかります。

ちなみに御社の「〇〇〇らしさ」は、何ですか？

スターバックスのように、自社の〝らしさ〟を（社員にも、顧客にも、地域にも）明確にし、ぶれることなくそれらを探求していくことができれば、従業員に長く勤めてもらえる会社になれるはずです。

4 （物流改善の）意義を理解する

どんな内容の仕事であれ、意義のないものはありません。単調で退屈な仕事に見えても、少し視点や考え方を変えるだけで、仕事に対する取り組み方が変わってきます。

たとえば、通販商品のピッキングを考えてみましょう。

作業指示書に基づき、商品をピッキングして箱詰めする単純作業と考えれば、多少雑でもいいから効率よく進めるという考え方があります。しかし、その商品を受け取る人の立場に立てば、箱を開けたときに、商品と納品書がどの位置に入っているのがいいのか、その答えはすぐわかるはずです。

会社の仕事として考えた場合に、従来のままで進めるのか、あるいは実際に作業のやり方も変えるのかは別にして、受け取る側の視点があれば、どういうピッキング作業がベストなのか、「そういうことを自分で考えてみる」ということをしっかり教えてあげることが重要だと思います。

高い物流品質の現場を因数分解すると、次のようになります。

高い物流品質の現場＝現場リーダー（の、能力×意識）×現場スタッフの仕事の意義

ここで重要になってくるのが、現場スタッフへの仕事の意義の伝え方、です。これがうまくできないと、いくら現場リーダーの能力や意識が高かったとしても、物流品質を上げることはできません。

仕事の意義の教え方のポイントは、相手によって、表現や言い方を使い分けることです。いくら正しいとわかっていることでも、一方的に上から言い続けるだけではだめです。相手の腹に落ちなければ、伝わったことにはなりません。

私は教え方には3種類あると考えています。それは「ポジティブ」か、「ネガティブ」か、

「置き換え」か、の3つです。

一例をあげると、

• ポジティブ

「ちゃんと入れないといけないよ。間違いないように入れましょうね」

• ネガティブ

「違ったものを入れると、クレームになります。気をつけてくださいね」

• 置き換え

「間違ったものを受け取ったら、嫌でしょう。だからわれわれは間違えてはいけない」

となります。

3つとも正しいことを言っているわけですが、3つのタイプでどれが響くか、どれが耳に入るかは、人によって違います。リーダーはそのことをしっかり頭に入れたうえで、面倒がらずに、一人ひとりのタイプに合わせた教え方を徹底しましょう。

また伝え方にも、いくつかの方法があります。

たとえば、

• 朝礼などで「口頭」で伝える

・文章を読んでもらう（黙読）
・唱和してもらう
といった方法が考えられます。

ここまで物流改善の４つのポイントについて、具体的に説明してきました。

1　物流の大切さを知る
2　物流の意味を知る
3　（物流改善を）徹底する雰囲気をつくる
4　（物流改善の）意義を理解する

注意してほしいのは、どれひとつ欠けてもよくないということです。しかも、日々、繰り返している自分たちでは手ごたえが感じにくい面があるうえ、成果に結びつけるには「最低でも1年」はかかります。要は、その間、あきらめずに、やり続けることです。そうすれば必ず結果はついてきます。

取引先が現場を久しぶりに見たときに、「変わったね、雰囲気でわかるよ」と言ってもらえる現場づくりをめざしてほしいと思います。

2——物流品質を上げる方法

物流品質の測り方

物流品質には、いくつかの測り方があります。商品を間違える誤品、数量違いで商品を届けてしまう誤数、届け先を間違えてしまう誤納、商品事故、延着などは、お届け先のクレームとして上がってくるものです。また、在庫差異は、前述しましたが、倉庫内で発生する管理に対する品質のみならず、信用を問われます。近年では、配送員に対する納品時の態度や服装など、定性的な品質までチェックされるようになってきています。本節では、誤納品、誤数、納品時に関する品質について取り上げます。

誤納品を減らす

今やSCMの時代に、誤納品は「致命傷」です。多くの企業で在庫を極限までもたず、必要な商品を必要な数量で決められた時間に納品するJIT(ジャストインタイム)の物流が主流だからです。大手小売業やコンビニエンスストアの流通はまさにこれで、欠品は機会損失と捉え、納期遅れの原因となった取引先や物流企業にペナルティが課されます。誤納品によるリカバリーコストは、安いものではありません。

得意先にとっても物流品質の良し悪しを測るのに、まず、この誤納品と納期遅れ、配送事故を大きく取り上げます。大きく見れば得意先からの信頼を失うだけでなく、取引さえ失います。小さく見れば、連絡を受けたあと、営業マンへの連絡、伝票の差し替え、再出荷指示、再出荷、配送など、多くのリカバリーのための行為と余分なコストが発生します。こういったことを考えると、誤納品をゼロにしたいものです。

現在も多少追加コストがかかっても、誤納品を減らしたほうが中長期的に得すると考える経営者が多いようです。なぜなら、長期的に得意先と付き合ったほうが、トータルコストが安いからです。

誤納品を防止する方法として、商品を出荷する直前の手立てと配達時の確実な商品確認の2段階チェックが必要です。

出荷直前の対策として、倉庫内出荷担当の最終検品と商品を積込むドライバーのチェックを行いましょう。それには、倉庫出荷担当はもちろん、ドライバーも商品の種類を覚えこむしかありません。しかし、現実的には、梱包された商品の中身をドライバーが開封してまでチェックすることはできません。倉庫出荷担当の集品を信用するしかないのです。

ドライバーの役目としては、積込んだ商品を間違いなく指定届先に納品するということです。それにはダンボールケースや、裸で届ける商品には荷札や絵札を付けることが基本となります。

誤数、誤アイテム、誤納品先

ピッキング作業において、誤数、誤アイテムは、多くの倉庫で撲滅できていません。また、せっかく正しく商品をそろえても、誤った行き先の荷札を付けてしまうという、誤納品の原因もここで発生します。

これら誤出荷の原因を突き止め、是正しなければなりません。誤数をなくす即効薬は、最終検品者に総数チェックをさせることです。梱包前に行う最終検品のときに、納品書に載っている総個数と、今から梱包される総個数が合っているかをチェックするのです。

これが即効薬です。全数検品だと、出荷時間に支障が出たり、検品者を増やすスペースがなかったりしますので、できない場合はありますが、これなら、コストアップなどの影響は軽微になります。ただ、即効薬と書いて、特効薬とは書かないのは、業務フローを見直したりすることで、もっと効果のある方法が見つかるからです。

企業によっては、ピッキングカートに重量秤（はかり）付きのものを使って、投入個数が合っているかをチェックする会社もあります。

また、オーダーピッキング（注文ごとのピッキング）でなく、トータルピッキング（合計数をピッキングして、オーダー別に分ける）を採用することも1つの方法です。

企業の商売方法によって違いますが、納品ミスの中でも、誤数が一番多い物流センターを見ることがあります。

このような傾向があるのは、多品種で、受注に「1個」が多い企業です。大抵1個ずつなので、ついついピッカーの人も「2個」と書いているのを見過ごして、「1個」だけピッキングしてしまいます。明らかに、人間工学でいう「思い込み」によるミスです。

このようなときは、ピッキングリストでの改善が役に立ちます。その方法の1つは、個数欄を前のほうに持ってくることです。前のほうに持ってくることで、視界に個数を入れて、見落としを減らすのです。

また、別の方法として、個数の字体を変えるという方法もあります。複数個の場合のみ、字をゴシックや太字にして、大きな文字を表示しています。これなら自然に目立ちますので、ピッカーの人および検品者が間違えないだろうというものです。

このように、誤数を防ぐための多くの方法があります。仕組みで精度を上げることは可能です。しかし、この仕組みを考案したり、実行したりするのは人間です。機械ではありません。その人間が良い方法を考えようとか、その通りの方法を行おうとか考えないと、誤数が減ることはありません。

出荷総数が合っていても、商品自体を間違えている可能性があります。例えば、同じメガネでも、色付きレンズと色無しレンズでは違います。色付きレンズを発注した人に、色無しレンズのメガネが届くと、「違う商品が届いた！」となります。しかも、それを届いてすぐに使おうと思っていれば、「今週末に湘南の海で使おうと思っていたのに、間違って届きましたよ！　すぐに正しい商品を送ってください！」とクレームになります。

誤った商品が届くことは、注文主にとって、大問題なのです。または、顧客不満足です。このようなことをなくすためには、間違った商品をピッキングしたり、梱包したりしないようにしなければなりません。どのようにすれば、間違った商品をピッキングしたり、梱包したりしなくなるのでしょうか？

大きくは、4つあります。

①ピッキングリストを工夫する

②商品番号の下3桁を確認する

③商品のロケーションを工夫する
④各作業者に意識を持ってもらう

まず、ピッキングリストの工夫は、品番をできるだけ前に持ってくるようにすることです。商品名でピッキングすることで発生するミスが多いので、品番でピッキングしてもらえるようにするためです。また、ピッキングリスト自体の工夫とは違いますが、品番の真横に✓点チェックをさせたり、作業者の名前をフルネームで書かせたりすることも有効です。当たり前ですが、ハンコを押させても問題ありません。

また、商品をピッキングするときに、「品番(商品番号)を全部チェックしなさい」という責任者も多いですが、現実的に、作業者にとって、桁数が多い品番をすべてチェックすることは難しいことです。JANの13桁を使っている場合、13桁すべてをチェックすると、ピッキング時間が長くなるので、出荷時間に追われている作業者にとっては、やりたくてもできない指示です。だから、商品番号の下3桁か4桁をチェックさせる方法が有効です。下3桁か下4桁であれば、「ぱっと見」で覚えられますし、一目で確認できる長さです。これであれば、実行できます。

そして、商品のロケーションを工夫することも、有効です。アパレルであれば、MやLなどのサイズや、薄青や濃紺などの色がある商品は、隣同士に置かないような工夫をすることです。

折角、正確な商品を正確な数で梱包しても、誤った送り先に発送してしまえば、正確な梱包をした意味がありません。大きなクレームになります。納品書に値段が入っていれば、火に油を注ぐような結果になることも十分ありえます。このようなことが発生する原因の多くは、梱包された箱に、違う荷札が貼られていることです。

なぜ違う荷札が貼られているかというと、荷札と梱包された箱との突き合わせを間違ってしまったからです。多くの現場では、ピッキングリストと荷札と納品書を、作業開始前に印刷をして、それを手作業で突き合わせて、それをゼムクリップやダブルクリップなどのクリップで1つにまとめる作業をしているのではないでしょうか？

この突き合わせ作業で、間違いが出ている可能性があります。この場合、①出荷時に目で確認する、②定数でまとめ作業を行う、③一体型伝票を作る、などの工夫で、突き合わせミスを減らすことができます。

出荷時に目で確認することは、最低限のことなので、ほとんどの物流現場で行っているはずです。しかし、出荷先名だけをチェックするケースがほとんどです。これが間違いを発見できない理由です。出荷先名だけでなく、住所を「市」のレベルで確認することで、格段にチェックレベルが上がります。例えば「東急ハンズ」でも、「渋谷区」があったり、「吹田市」があったりします。「市」レベルでチェックすることで、発送先を間違えることがなくなります。

また、突き合わせ作業自体の精度を上げることも当然必要です。突き合わせの際に、一気にすべての突き合わせをするのではなく、束を作ることは有効な手段です。50ずつや20ずつなど決めて、印刷や紙合わせなどの作業を行い、それぞれの最初の1枚をしっかりチェックするようにすると良いでしょう。他にも工夫することがありますが、これが間違いない方法です。

そして、荷札や納品書やピッキングリストなどが1枚になっている『一体型伝票』を使って、突き合わせ作業自体を無くすことも工夫です。これを行うには、システム変更が必要なだけでなく、一体型伝票を使うためには、運送会社からの荷札利用の承認をもらうことも必要ですし、一体型伝票自体のコストをどうするかという問題を解決することも必要です。ということがあるので、時間とコストがかかる方法です。

番外編ですが、ピッキングリストと荷札と納品書を、作業開始前に印刷すること自体をやめて、それぞれの帳票を必要とする時に、印刷するように変えることも、方法の1つとしてあります。これをするには、システムを変えるだけでなく、業務フロー自体を変える必要があるので、システムのことがわかる物流コンサルタントなどの協力が必要となるでしょう。

これらの方法を使って、誤納品先を撲滅させましょう。

納品時に気をつけること

納品時に起こるクレームには、誤納品、誤数、延着がありますが、中には、飲食店への納品において、お客様用のエレベータを使うのをやめてほしい、商品の置き場所が違っている！　また、高級ブランドショップでは、入口が1つしかないのに、入口から入ってくるな！　とどうしようもないクレームを申し付けられることもあるのです。そのような納品先には、あるルールがあるはずですが、いつもの配達員が休みで、別の配送員が初めてそこへ配達に行ったとき、また、新規の配達先で、よく犯すルール違反です。この対策としては、配達先毎に細かいルールを書面化し、そのコース配送員や臨時配送員に必ず携帯させておく必要があります。何回も同じことを繰り返しすると、出入り禁止になります。

引越業界では、引越元や引越先に上がる前には、靴下を履き替える業者もあります。足の汗のにおいを不快に感じるお客様もいらっしゃるので、その対策です。一般の運送会社の配達員でも服装や、マナー、対応の態度で不快に感じるユーザーがいらっしゃいます。特に1口個配送が増え、オフィスビルに商品や書類を届けるとき、特にそう感じる方が多くいらっしゃいます。その運送便の企業イメージは、当然悪くなり、どんな教育をしているんだ！と、疑問さえ抱かせてしまいます。

いわゆるドライバー品質も物流品質の1つで、この品質を上げていくには、徹底した教育が必要不可欠になります。

日経文庫案内（1）

〈A〉 経済・金融

1 経済指標の読み方(上)　日本経済新聞社
2 経済指標の読み方(下)　日本経済新聞社
3 貿易の知識　小峰・村田
5 外国為替の実務　三菱UFJリサーチ&コンサルティング
6 貿易為替用語辞典　東京リサーチインターナショナル
7 外国為替の知識　国際通貨研究所
22 債券取引の知識　武内浩二
24 株式公開の知識　加藤・松野
26 EUの知識　藤井良広
36 環境経済入門　三橋規宏
40 損害保険の知識　玉村勝彦
42 証券投資理論入門　大村・俊野
44 証券化の知識　大橋和彦
45 入門・貿易実務　椿弘次
49 通貨を読む　滝田洋一
52 石油を読む　藤和彦
56 デイトレード入門　廣重勝彦
58 中国を知る　遊川和郎
59 株に強くなる 投資指標の読み方　日経マネー
60 信託の仕組み　井上聡
61 電子マネーがわかる　岡田仁志
62 株式先物入門　廣重勝彦
64 FX取引入門　廣重・平田
65 資源を読む　柴田明夫・丸紅経済研究所
66 PPPの知識　町田裕彦
68 アメリカを知る　実哲也
69 食料を読む　鈴木・木下
70 ETF投資入門　カン・チュンド
71 レアメタル・レアアースがわかる　西脇文男
72 再生可能エネルギーがわかる　西脇文男
73 デリバティブがわかる　可児・雪上
74 金融リスクマネジメント入門　森平爽一郎
75 クレジットの基本　水上宏明
76 世界紛争地図　日本経済新聞社
77 やさしい株式投資　日本経済新聞社
78 金融入門　日本経済新聞社
79 金利を読む　滝田洋一
80 医療・介護問題を読み解く　池上直己
81 経済を見る3つの目　伊藤元重
82 国際金融の世界　佐久間浩司
83 はじめての海外個人投資　廣重勝彦
84 はじめての投資信託　吉井崇裕
85 フィンテック　柏木亮二
86 はじめての確定拠出年金　田村正之
87 銀行激変を読み解く　廉了
88 仮想通貨とブロックチェーン　木ノ内敏久
89 シェアリングエコノミーまるわかり　野口功一
91 テクニカル分析がわかる　古城鶴也
92 ESGはやわかり　小平龍四郎
93 シン・日本経済入門　藤井彰夫

〈B〉 経営

25 在庫管理の実際　平野裕之
28 リース取引の実際　森住祐治
33 人事管理入門　今野浩一郎
41 目標管理の手引　金津健治
42 OJTの実際　寺澤弘忠
53 ISO9000の知識　中條武志
63 クレーム対応の実際　中森・竹内
70 製品開発の知識　延岡健太郎
74 コンプライアンスの知識　髙巖
76 人材マネジメント入門　守島基博
77 チームマネジメント　古川久敬
80 パート・契約・派遣・請負の人材活用　佐藤博樹
83 成功するビジネスプラン　伊藤良二
85 はじめてのプロジェクトマネジメント　近藤哲生
86 人事考課の実際　金津健治
91 職務・役割主義の人事　長谷川直紀
93 経営用語辞典　武藤泰明
95 メンタルヘルス入門　島悟
96 会社合併の進め方　玉井裕子

98 中小企業のための事業承継の進め方 松木謙一郎
103 環境経営入門 足達英一郎
104 職場のワーク・ライフ・バランス 佐藤・武石
105 企業審査入門 久保田政純
106 ブルー・オーシャン戦略を読む 安部義彦
107 パワーハラスメント 岡田・稲尾
108 スマートグリッドがわかる 本橋恵一
109 BCP〈事業継続計画〉入門 緒方・石丸
110 ビッグデータ・ビジネス 鈴木良介
111 企業戦略を考える 淺羽・須藤
112 職場のメンタルヘルス入門 難波克行
113 組織を強くする人材活用戦略 太田肇
115 マネジャーのための人材育成スキル 大久保幸夫
116 会社を強くする人材育成戦略 大久保幸夫
117 女性が活躍する会社 大久保・石原
118 新卒採用の実務 岡崎仁美
119 IRの成功戦略 佐藤淑子
120 これだけは知っておきたいマイナンバーの実務 梅屋真一郎
121 コーポレートガバナンス・コード 堀江貞之
122 IoTまるわかり 三菱総合研究所
123 成果を生む事業計画のつくり方 平井・淺羽
124 AI（人工知能）まるわかり 古明地・長谷
125 「働き方改革」まるわかり 北岡大介
126 LGBTを知る 森永貴彦
127 M&Aがわかる 知野・岡田
128 「同一労働同一賃金」はやわかり 北岡大介
129 営業デジタル改革 角川淳
130 全社戦略がわかる 菅野寛
131 5Gビジネス 亀井卓也
132 SDGs入門 村上・渡辺
133 いまさら聞けないITの常識 岡嶋裕史
134 サブスクリプション経営 根岸・亀割
135 アンガーマネジメント 戸田久実
136 PDCAマネジメント 稲田将人
137 リモート営業入門 水嶋玲以仁
138 Q&Aいまさら聞けないテレワークの常識 武田・中島
139 ビジネス新・教養講座 テクノロジーの教科書 山本康正
140 日本企業のガバナンス改革 木ノ内敏久
141 ビジネス新・教養講座 企業経営の教科書 遠藤功
142 ジョブ型雇用はやわかり マーサージャパン

〈C〉会計・税務

1 財務諸表の見方 日本経済新聞社
2 初級簿記の知識 山浦・大倉
4 会計学入門 桜井久勝
12 経営分析の知識 岩本繁
13 Q&A経営分析の実際 川口勉
23 原価計算の知識 加登・山本
41 管理会計入門 加登豊
48 時価・減損会計の知識 中島康晴
49 Q&Aリースの会計・税務 井上雅彦
50 会社経理入門 佐藤裕一
51 企業結合会計の知識 関根愛子
52 退職給付会計の知識 泉本小夜子
53 会計用語辞典 片山・井上
54 内部統制の知識 町田祥弘
56 減価償却がわかる 都・手塚
57 クイズで身につく会社の数字 田中靖浩
58 これだけ財務諸表 小宮一慶
59 ビジネススクールで教える経営分析 太田康広
60 Q&A軽減税率はやわかり 日本経済新聞社

〈D〉法律・法務

2 ビジネス常識としての法律 堀・淵邊
3 部下をもつ人のための人事・労務の法律 安西愈
4 人事の法律常識 安西愈
6 取締役の法律知識 中島茂
11 不動産の法律知識 鎌野邦樹

14	独占禁止法入門	厚谷襄児
20	リスクマネジメントの法律知識	長谷川俊明
22	環境法入門	畠山・大塚・北村
24	株主総会の進め方	中島茂
26	個人情報保護法の知識	岡村久道
27	倒産法入門	田頭章一
28	銀行の法律知識	階・渡邉
29	債権回収の進め方	池辺吉博
30	金融商品取引法入門	黒沼悦郎
31	会社法の仕組み	近藤光男
32	信託法入門	道垣内弘人
34	労働契約の実務	浅井隆
35	不動産登記法入門	山野目章夫
36	保険法入門	竹濵修
37	契約書の見方・つくり方	淵邊善彦
40	労働法の基本	山川隆一
41	ビジネス法律力トレーニング	淵邊善彦
42	ベーシック会社法入門	宍戸善一
43	Q&A部下をもつ人のための労働法改正	浅井隆
44	フェア・ディスクロージャー・ルール	大崎貞和
45	はじめての著作権法	池村聡

〈E〉流通・マーケティング

6	ロジスティクス入門	中田信哉
20	エリア・マーケティングの実際	米田清紀
23	マーチャンダイジングの知識	田島義博
28	広告入門	梶山皓
30	広告用語辞典	日経広告研究所
34	セールス・プロモーションの実際	渡辺・守口
35	マーケティング活動の進め方	木村達也
36	売場づくりの知識	鈴木哲男
39	コンビニエンスストアの知識	木下安司
40	CRMの実際	古林宏
41	マーケティング・リサーチの実際	近藤・小田
42	接客販売入門	北山節子
43	フランチャイズ・ビジネスの実際	内川昭比古
44	競合店対策の実際	鈴木哲男
46	マーケティング用語辞典	和田・日本マーケティング協会
48	小売店長の常識	木下・竹山
49	ロジスティクス用語辞典	日通総合研究所
50	サービス・マーケティング入門	山本昭二
51	顧客満足［CS］の知識	小野譲司
52	消費者行動の知識	青木幸弘
53	接客サービスのマネジメント	石原直
54	物流がわかる	角井亮一
55	最強販売員トレーニング	北山節子
56	オムニチャネル戦略	角井亮一
57	ソーシャルメディア・マーケティング	水越康介
58	ロジスティクス4・0	小野塚征志
59	ブランディング	中村正道

〈F〉経済学・経営学

3	ミクロ経済学入門	奥野正寛
4	マクロ経済学入門	中谷巌
7	財政学入門	入谷純
8	国際経済学入門	浦田秀次郎
15	経済思想	八木紀一郎
16	コーポレートファイナンス入門	砂川伸幸
22	経営管理	野中郁次郎
23	経営戦略	奥村昭博
28	労働経済学入門	大竹文雄
29	ベンチャー企業	松田修一
30	経営組織	金井壽宏
31	ゲーム理論入門	武藤滋夫
33	経営学入門(上)	榊原清則
34	経営学入門(下)	榊原清則
36	経営史	安部悦生
37	経済史入門	川勝平太
38	はじめての経済学(上)	伊藤元重
39	はじめての経済学(下)	伊藤元重
40	組織デザイン	沼上幹
51	マーケティング	恩蔵直人
52	リーダーシップ入門	金井壽宏
54	経済学用語辞典	佐和隆光
55	ポーターを読む	西谷洋介
56	コトラーを読む	酒井光雄

日経文庫案内（5）

57 ビジネスマンのための 国語力トレーニング　出口　汪
58 数学思考トレーニング　鍵本　聡
59 発想法の使い方　加藤昌治
60 企画のつくり方　原尻淳一
61 仕事で恥をかかない 日本語の常識　日本経済新聞出版社
62 戦略思考トレーニング 経済クイズ王　鈴木貴博
63 モチベーションの新法則　榎本博明
64 仕事で恥をかかないビジネスマナー　岩下宣子
65 コンセンサス・ビルディング　小倉　広
66 キャリアアップのための戦略論　平井孝志
67 心を強くするストレスマネジメント　榎本博明
68 営業力 100本ノック　北澤孝太郎
69 ビジネス心理学 100本ノック　榎本博明
70 これからはじめるワークショップ　堀　公俊
71 EQトレーニング　高山　直
72 プロが教えるアイデア練習帳　岡田庄生
73 実践！ 1on1ミーティング　本田賢広
74 コンサルタント的 省力説明術。　小早川鳳明

ベーシック版

不動産入門　日本不動産研究所
日本経済入門　岡部直明
貿易入門　久保広正
経営入門　高村寿一
流通のしくみ　井本省吾

ビジュアル版

マーケティングの基本　野口智雄
経営の基本　武藤泰明
流通の基本　小林隆一
経理の基本　片平公男
貿易・為替の基本　山田晃久
日本経済の基本　小峰隆夫
金融の基本　高月昭年
品質管理の基本　内田　治
IT活用の基本　内山　力
マネジャーが知っておきたい経営の常識　内山　力
キャッシュフロー経営の基本　前川・野寺
IFRS〔国際会計基準〕の基本　飯塚・前川・有光
マーケティング戦略　野口智雄
経営分析の基本　佐藤裕一
仕事の常識＆マナー　山崎　紅
はじめてのコーチング　市瀬博基
ロジカル・シンキング　平井・渡部
仕事がうまくいく 会話スキル　野口吉昭

使える！ 手帳術　舘神龍彦
ムダとり 時間術　渥美由喜
ビジネスに活かす統計入門　内田・兼子・矢野
ビジネス・フレームワーク　堀　公俊
アイデア発想フレームワーク　堀　公俊
図でわかる会社法　柴田和史
資料作成ハンドブック　清水久三子
マーケティング・フレームワーク　原尻淳一
7つの基本で身につく エクセル時短術　一木伸夫
図でわかる経済学　川越敏司
AI（人工知能）　城塚音也
ゲーム理論　渡辺隆裕
働き方改革　岡崎淳一
職場と仕事の法則図鑑　堀　公俊
いまさら聞けない人事マネジメントの最新常識　リクルートマネジメントソリューションズ
ビジネスモデルがわかる　井上達彦

角井 亮一（かくい・りょういち）

1968年10月25日大阪生まれ、奈良育ち。現在、東京秋葉原に在住。

上智大学で、ダイレクトマーケティング学会初代会長の田中利見先生のゼミに所属。３年で単位取得終了し、渡米。ゴールデンゲート大学からマーケティング専攻でMBA取得。帰国後、船井総合研究所に入社し、小売業へのコンサルティングを行い、1996年にはネット通販参入セミナーを開催。

その後、家業の光輝物流に入社し、日本初のゲインシェアリング（コスト削減額の50％を利益とするコンサルティング型アウトソーシング）を東証一部企業で実現。

2000年２月14日、株式会社イー・ロジット設立、代表取締役に就任。イー・ロジットは、現在310社以上から通販物流を受託する国内NO1の通販専門物流代行会社であり、200社の会員企業を中心とした物流人材教育研修や物流コンサルティングを行っている。

また2015年、再配達問題という社会問題を解決するためのアプリ「ウケトル」を立ち上げ、タイではSHIPPOPという物流IT企業をタイ最大のネット通販会社Tarad.com創業者のPawoot（Pom）Pongvitayapanuと共同で立ち上げた。

日本語だけでなく、英語、中国語（簡体、繁体）、韓国語、ベトナム語でも書籍を累計29冊以上出版。最新刊は『物流革命』（監修、日本経済新聞出版社）、『すごい物流戦略』（PHPビジネス新書）。

マスメディアでも、わかりやすく物流を解説するコメンテーターとして、「とくダネ！」「めざましテレビ」「ひるおび！」「スッキリ！」など多くのテレビ番組やラジオ番組、「日本経済新聞」「日経ビジネス」「週刊東洋経済」「週刊ダイヤモンド」などの新聞雑誌に登場している。

日本物流学会理事。NewsPicksプロピッカー。多摩大学大学院客員教授。

FACEBOOK：https://www.facebook.com/riokakui
TWITTER：@rkakui

日経文庫1412

物流がわかる

2012年９月14日　１版１刷
2019年９月13日　２版１刷
2022年８月25日　　　２刷

著　者　角 井 亮 一
発行者　國 分 正 哉
発　行　株式会社日経BP
　　　　日本経済新聞出版
発　売　株式会社日経BPマーケティング
　　　　〒105-8308　東京都港区虎ノ門4-3-12
印　刷　東光整版印刷
製　本　積信堂

ISBN 978-4-532-11412-1
Printed in Japan